JN090895

認知症のイメージを変える
ソーシャル・イノベーション

コスガ聡一 著
Soichi Kosuga

認知症カフェは「認知症」と私たちが出会いなおす場所

NINCHISHO CAFE GUIDE BOOK CONTENTS

Part 2

アドベンチャー・オブ・認知症カフェ

さあ、認知症カフェのセカイへ出発です。 27

セカイを変える冒険へのいざない

よくある言葉同士でも、組み合わせると新しいアイデアが生まれることがあります。
例えばこのように。

電気　＋　自動車　＝　電気自動車
携帯　＋　電話　＝　携帯電話

電気自動車や携帯電話は、誰でも知っている言葉の組み合わせ。でもそれは、私たちのライフスタイルを大きく変えるイノベーションになりました。
では、問題です。
「認知症」と「カフェ」を組み合わせると何が起きるでしょう。

認知症　＋　カフェ　＝　？

答えは、「なったらおしまい」と思われてきた認知症のイメージが、「なってもおしまいじゃない」に変わる、です。

それが電気自動車や携帯電話に負けないくらいのイノベーション？
そう。なぜなら、「認知症になってもおしまいじゃない」と思えるなら、私たちはとても大きな自由を手にすることができるから。

大きな自由、それはスティグマからの自由です。

スティグマとはなんでしょう。

それは、不合理なレッテル貼りが引き起こす偏見の連鎖。古い知識に基づく誤解などが社会の不平等と結びつき、レッテルを貼られる側の人すらその不合理を受け入れざるをえないものとして作用します。私たちは誰もが知らず知らず、その連鎖の当事者になっています。

認知症のスティグマは「なったらおしまい」という誤解から始まります。

そう、誤解なのです。

「なったらおしまい」が誤解なのだと理解されるようになったのは、まさに21世紀になってからのこと。それを明らかにしたのは、他でもない認知症と診断された本人たちでした。

認知症の原因は主にアルツハイマー病など脳の神経変性疾患です。しかし、これはまだ詳しい原因がわかっていません。仮説はたくさんありますが、治療法も予防法も確立されていないのです。（あなたがその原因を見つけたら間違いなくノーベル賞をもらえるでしょう）
しかし特効薬がないからといって、何もできないわけではありません。先人たちの努力により、私たちはいま多くの新事実を手にしています。
アルツハイマー病などは、これまでより早くに予兆をつかむことができるようになりました。そして初期で軽度のうちに、適切なケアとより良い環境があれば、症状を穏やかにし、それまでの暮らしを続けられる可能性が広がることもわかってきたのです。

医療や介護の現場にいる専門家たちは気がつきました。自分たちこそ「なったらおしまい」と思い込んでいたのではないかと。そのために見えていなかった人々の姿、聞こえていなかった人々の声があったのではないかと。

また、本人や家族など当事者たちも気がつきました。自分たちもまたスティグマにとらわれていたのではないかと。そして、もっと自由になれるのではないかと。

いま、いち早く「認知症になってもおしまいじゃない」ことに気がついた人たちが、セカイを変える冒険に出発しています。

その1つが「認知症カフェ」。

私たちの未来を大きく変える可能性を秘めたソーシャル・イノベーションです。

2020年1月

Part 1

シークレット・オブ・認知症カフェ

旅立ちを前に、このセカイの
秘密を語りましょう。

1 なぜ認知症カフェは登場してきたのか

私たちはいま、認知症の歴史における新しい時代を生きています。名付けるならばそれは「地域の時代」といえるでしょう。

かつては認知症のある人をそれぞれの家の座敷牢に閉じ込めるような時代がありました。また、その後は精神病院や老人病院に入院させようという政策の時代、そして福祉施設で受け入れようとする時代もありました。

「地域の時代」とは、そうした過去への反省のもと、認知症になってからも地域コミュニティから排除されることなく暮らせる時代です。

その背景には、世界的なノーマライゼーションの潮流とともに、医療・介護の技術革新にともなう認知症のある人を取り巻く状況の変化があります。

まず、画像診断の普及や知見の蓄積などにより、かつてより早く認知症の診断ができるようになりました。さらに21世紀になり、認知症の進行を遅らせる薬が登場し、通院治療を可能にする環境が整ってきます。こうして認知症になってからも合理的な配慮があればそれまでどおりの生活を続けられる人たちが着実に増えてきているのです。

そうした変化に社会も対応が求められるようになりました。

そこで登場したのが「認知症カフェ」です。

2012年、厚生労働省は地域コミュニティのなかで認知症のある本人とその家族への支援を包括的に行う施策の1つとして認知症カフェを推進し始めます。

この施策がユニークだったのは、医療や介護など既存の制度のすき間を埋めるという目的のため、非制度的（インフォーマル）な位置づけを与えられたこと。

「認知症施策推進5か年計画」（通称「オレンジプラン」）における認知症カフェの定義は次のような短いものでした。

「認知症の人と家族、地域住民、専門職等の誰もが参加でき、集う場」

たったこれだけ。

細かなルールや条件が設けられなかったため、この新事業には現場の裁量が大きく残されました。

こうして認知症カフェは、人々のボランティア精神と自由な発想を原動力として急速に普及・拡大していきます。

2 認知症カフェは混乱している？

認知症カフェは爆発的に増加しました。

2014年、全国で300か所ほどだったとされるその数は、年々倍増し、2019年には7000か所を超えたと推計されています。

特に大きな契機となったのは、2015年1月に政府が発表した「認知症施策推進総合戦略」（通称「新オレンジプラン」）です。このなかで全国すべての自治体に認知症カフェを開設するという目標が盛り込まれ、小さな町村にまで取り組みが広がりました。

また、全国に先駆けて「オレンジカフェ今出川（現「オレンジカフェコモンズ」）」（京都市）を開設した医師・武地一氏の著書『認知症カフェハンドブック』（クリエイツかもがわ・2015年）など、運営の手引きとなる情報が充実してきたことも普及を後押ししました。

そして、数の増加とともに、多様性が現れていきます。

2016年度の全国調査によれば、最も多いのは月1回という開催頻度のカフェですが、2か月に1回、あるいは月に数回、そして常設型のカフェも登場しました。

さらに、歌・ゲームなどのレクリエーション、体操などの健康づくりに取り組むカフェもあれば、逆にそういったことを一切やらないカフェもあります。

毎回100人以上集まる大規模なカフェもあれば、10人以下のカフェもあるなど規模もさまざま。

もはや平均的なカフェ像をイメージすることが難しいくらいです。このような状況から、日本の認知症カフェは「混乱している」という声すら聞かれるようになりました。

しかし、本書では視点を変えることで「混乱ではない」と考える立場をとります。

変えるべき視点とは何か。

それは日本の認知症カフェがオランダ・アルツハイマーカフェをルーツにしているという「定説」です。

3 始まりの2012年

日本にオランダの「アルツハイマーカフェ」がはじめて紹介されたのは、2011年12月のこと。訪問看護の実践から地域で気軽に相談できる場をと東京都新宿区の看護師・秋山正子氏が始めた「暮らしの保健室」で開かれた勉強会で、現・慶応義塾大学大学院教授の堀田聰子氏がオランダでの研究成果の一環として報告しました。

地域での暮らしの支援に携わる参加者を前に、堀田氏はオランダの社会のなりたちや地域包括ケアの歴史的経緯と現在の仕組みを解説。そのなかで認知症のある人と家族を地域でともに支える活動として、3つの事例を紹介します。

1つは、アルツハイマー協会がオランダ全土で行う「アルツハイマーカフェ」。認知症のある人と家族が誰でも立ち寄れる地域の縁側として自主運営する「オデンセハウス」。そして、認知症のある人のケアと介護者の支援を組み合わせた「ミーティングセンター・サポートプログラム」。

この勉強会には、当時の認知症・虐待防止対策推進室長をはじめ、オレンジプランの検討に関わる人々も参加していました。

こうして「認知症カフェ」というアイデアは、翌2012年にかけて、国の施策として具体化されていくことになります。

また、勉強会に参加した1人、東京都国立市の医師・新田國夫氏は、すぐにオランダへ行き、アルツハイマーカフェを視察しました。そして自らのクリニックで、その名も「認知症カフェ」を立ち上げます。２０１２年３月のことでした。

さらに、7月には「オレンジサロン 石蔵カフェ」（宇都宮市）と「Ｄカフェ・ラミヨ」（東京都目黒区）、9月には「オレンジカフェ今出川」（京都市）が誕生します。

オレンジプランの前に始まったこの４つのカフェは、まさに日本の「オリジナル４」というべき認知症カフェです。

こうして２０１２年は、日本の認知症カフェ始まりの年となりました。

4 語られてこなかったルーツ

以上のような経緯から、日本の認知症カフェはオランダ・アルツハイマーカフェに源流があるといえそうです。

しかし実際に全国のカフェを訪れてみると、その「定説」の限界を実感することになります。多くの現場では海外事例についてほとんど知られていないのです。

国内においてオランダ・アルツハイマーカフェの特徴である「繰り返し構造のプログラム」や「演者と聞き手がやりとりしながら行われる質疑応答」といった運営を正しく導入しているカフェはごく少数です。創始者ベレ・ミーセン博士の深い哲学も、残念ながら広く知られているとはいえないでしょう。

すなわち、オランダ・アルツハイマーカフェは、政策としてはモデルとされたものの、カフェとしてはモデルとされなかった（少なくとも当初は）のです。

では、アルツハイマーカフェというモデルがないにもかかわらず、日本の認知症カフェが全国へ同時多発的に広まったのはなぜでしょう。

それは、日本の認知症カフェにこれまで語られてこなかったルーツ、いわば「イメージの源流」があったと考えるのが自然です。

認知症カフェの「イメージの源流」となるのには、２０１２年の時点で全国に普及している先行事例であるはずです。

それは、「家族会」「ミニデイサービス」「コミュニティカフェ」の3つでしょう。

「家族会」とは１９８０年設立の現・公益社団法人「認知症の人と家族の会」や、各市の地域団体など大小さまざまな自助活動を指します。家族会をイメージの源流とする認知症カフェは、「家族」「本人」という当事者性を重視し、個々の事情への深い共感を特徴とします。そして相談、傾聴、ピアサポートなどに強みをもちます。

「ミニデイサービス」とは、健康づくりや生きがいづくりを目的に公民館などで行われてきた地域公共活動であり、その起源は１９８０年代の「寝たきり老人ゼロ作戦」にまでさかのぼれるようです。ミニデイサービスをイメージの源流とする認知症カフェは、歌や体操などの体験や認知症に関する情報が、専門家によるサービスとして提供されることを特徴とします。

「コミュニティカフェ」とは、１９９５年の阪神・淡路大震災以降に登場してきたとされる店舗形態の地域活動です。飲食店のような入りやすさを特徴とした開放的なコミュニケーションを通じて、地域の再生や社会課題の解決を目指します。コミュニティカフェをイメージの源流とする認知症カフェには、常設性、公開性、事業性といった特徴があります。

以上の3源流を概念化すると次のようになります。

- 家族会などを源流とする「自助サポート系」カフェ
- ミニデイサービスなどを源流とする「地域公共サービス系」カフェ
- コミュニティカフェなどを源流とする「オープンコミュニケーション系」カフェ

5 拡散と特化

日本の認知症カフェには3つの源流に基づく「自助サポート系」「地域公共サービス系」「オープンコミュニケーション系」という系統があり、ゆえに多様な活動が生まれてきました。しかし、それだけでは説明しきれない複雑性がまだ残されています。

例えば2012年に始まった「オレンジサロン 石蔵カフェ」と「Dカフェ・ラミヨ」。どちらも家族会から始まった活動ですが、前者は常設の拠点をもち、ランチを提供するようになった一方、後者は参加者同士の会話中心という活動方針を貫いています。どちらも家族会をルーツにもつカフェなのに、なぜこのような方向性の違いが生じるのでしょうか。

そのヒントは、臨床心理学者・東畑開人氏がその著書で示す「人が他者と関わるときの二つのあり方」にあると思われます。

「ケアは傷つけない。ニーズを満たし、支え、依存を引き受ける。そうすることで、安全を確保し、生存を可能にする。平衡を取り戻し、日常を支える。」

「セラピーは傷つきに向き合う。ニーズの変更のために、介入し、自立を目指す。すると、人は非日常のなかで葛藤し、そして成長する。」（『居るのはつらいよ ケアとセラピーについての覚書』医学書院・2019年）

この「ケア」と「セラピー」という対照的な対人支援観は、日本の認知症カフェを理解する鍵といえます。「ケア」的な対人支援観は、実際のカフェにおいて主体・対象・事業の複雑化、すなわち「拡散」というかたちで表出します。それは、目の前の参加者や関係者のニーズに応え、安全な「居場所」を確保することに重きを置くため、カフェ自体が変わることをいとわないためです。

一方、「セラピー」的な対人支援観は、実際のカフェにおいて主体・対象・事業に選択と集中をもたらし、「特化」というかたちで表出します。その背景には専門性への信頼と、限られた資源を効率的に用いようとするマネジメント志向があり、カフェが迷走しないよう明確な原理・原則をもつようになります。

6 認知症カフェ・7つの類型

「自助サポート系」「地域公共サービス系」「オープンコミュニケーション系」という3系統が、それぞれ「拡散」と「特化」という方向性に分かれることで、日本の認知症カフェには6つの類型があることになります。

そこに、オランダ発祥の「アルツハイマーカフェ系」が加わります。

2018年9月から「認知症カフェモデレーター研修」によって本格的に国内に紹介され始めたアルツハイマーカフェは、原点であるにもかかわらず、日本においては新しいカフェとして位置づけられます。そして、明確な運営方針が定められている「アルツハイマーカフェ系」は、典型的な「特化するカフェ」であり、「拡散」することはありません。

以上のことから、日本の認知症カフェには次の7類型が存在することになります。

- 「拡散」する自助サポート系
- 「特化」する自助サポート系
- 「拡散」する地域公共サービス系
- 「特化」する地域公共サービス系
- 「拡散」するオープンコミュニケーション系
- 「特化」するオープンコミュニケーション系
- アルツハイマーカフェ系

次章より、この類型をベースに全国の実例を紹介していきましょう。

もうひとりの案内人

さて、ここで「もうひとりの案内人」を紹介します。

その名はコッシー。

ジャーナリスト・コスガ聡一の相棒として、ウェブメディア「なかまぁる」（朝日新聞社）で、動画コーナー『コッシーのカフェ散歩』を案内するキャラクターです。

チャームポイントは縦12センチも開く、大きな口。表情豊かなコッシーは、これまで各地でたくさんの人に可愛がっていただきました。

本書で取り上げるカフェのなかには、すでに『コッシーのカフェ散歩』でも紹介しているところが数多くあります。それぞれのカフェには動画だからこそ伝わる魅力もあるので、ぜひ一緒にご覧ください。

それぞれのページにあるＱＲコードをスマホなどで読み取っていただくと、「なかまぁる」のＷＥＢサイトに移動し動画を見ることができます。

視聴するのに登録や料金は必要ありません（通信料はかかります）。

それぞれ約２分15秒という気軽に見られるボリュームの動画ですので、通勤や通学のちょっとした時間にもおすすめです。

コッシーのカフェ散歩

「なかまぁる」トップページ
https://nakamaaru.asahi.com/

武地先生、おじゃまします！
カフェ対談 ①

聞き手／コスガ 聡一
Soichi Kosuga

本書著者。「全国認知症カフェガイドon the WEB」案内人。認知症カフェを200か所以上訪ね歩いたフォトグラファー。

武地 一 医師
Dr. Hajime Takechi

藤田医科大学病院 認知症・高齢診療科 教授

「オレンジカフェ今出川」（現「オレンジカフェコモンズ」）創立者。京都認知症カフェ連絡会代表世話人。2015年、日本初の認知症カフェ解説書である『認知症カフェハンドブック』（クリエイツかもがわ）を上梓。

はじめに

コスガ　先生、本日は教授室に訪問させていただきありがとうございます。この本を読んでいただいた感想はいかがでしょうか？

武地　標準的なカフェというより、代表的な、ちょっと「とんがった」カフェが集まりましたね。「こんなやり方もあるんだ」と、面白く読むことができました。

コスガ　ありがとうございます。認知症カフェを知っている人にも、そうでない人にも楽しんでもらえるよう、特徴的なカフェを選びました。

認知症カフェの登場

コスガ　認知症カフェが登場する背景として「地域の時代」という言葉を使いました。2004年の京都での国際会議（国際アルツハイマー病協会第20回国際会議・京都・2004）で、若年性認知症当事者の方が「地域で変わらない暮らしをつづけたい」と自ら希望を語ったことはとてもエポックメイキングなことだったと思います。

武地　その前段として、認知症の早期診断をされる人が増えてきていたことがあります。2000年に介護保険制度が始まり、サービスを利用するには「痴呆症（当時）」の診断名が必要になりましたし、1999年に認知症治療薬アリセプトが発売されたことで、それまでは「ぼけ」とか年相応とかいわれていた人も病院にかかるようになりました。まだ会話ができる段階の当事者の増加という地殻変動があり、2004年があったのだと思います。

コスガ　2012年、いよいよ認知症カフェが登場します。まず2月に「2012京都文書」が採択されました。地域における初期支援の重要性にスポットライトを当て、その後の認知症カフェや初期集中支援チームの登場につながっていく提言でしたが、その中心にいらした武地先生はどのように振り返りますか？

武地　介護保険が始まって12年がたったけれど、認知症のある人の視点から見た地域包括ケアというものがまだ登場していないという問題意識がありました。この本でも引用していただいていますが、多くの人が中等度から重度の認知症イメージしかもっていないという課題を指摘し、初期からの認知症イメージを確立することで、より良い未来を実現しようという宣言でした。

コスガ　その後、政策として認知症カフェが推進されることになります。しかし、厚生労働省は「認知症の人と家族、地域住民、専門職等の誰もが参加でき、集う場」というシンプルな定義を打ち出すのみで、認知症カフェが何をすべきか具体的に示されないままスタートしました。

武地　結果的には良かったと思います。ただ、私が最初の本（『認知症カフェハンドブック』クリエイツかもがわ・2015年）を出したとき、ネット上などでは認知症カフェは誤解を受けていました。認知症サポーター養成講座だけとか、認知症予防の体操をやるカフェがほとんどだったので、早く「そうではない」といわないといけないと考えていました。

認知症カフェの分類について

コスガ　最新の数字では、全国の認知症カフェは7023か所だそうです（2019年）。前年が5863か所だったので、2倍とはいきませんが増え続けています。先生のいわれたように、ちょっと問題のあるカフェも含めて多様な取り組みが登場していますが、本書では、この多様性の根本について独自の見解を示しました。「日本の認知症カフェはアルツハイマーカフェがモデルになった」という定説を脇に置き、「家族会」「ミニデイサービス」「コミュニティカフェ」

といった先行事例がイメージの源流になった、というものです。こちらのほうが現在の多様性を説明しやすいと考えました。

武地 家族会も、2000年頃までは基本的に家族のための集まりでしたが、いまでは本人会も行うようになっています。ケアラーズカフェ系と本人ミーティング系に分けるほうがいいのか、当事者系としてまとめるほうがいいか、ですね。

コスガ 本書では「自助サポート系」としました。いわば当事者による当事者のためのカフェです。

武地 認知症というのは、2人の病人をつくります。1人はもちろん本人、もう1人はストレスやさまざまなことで家族が病んでいきます。本人とケアラーというのは、まったく別のニーズをもっていますし、丹野智文さんにいわせれば「家族には来てもらいたくない。本人は本人だけでやりたい」という意見にもなります。本人と家族を両方ケアするところは、一緒くたにするようなイメージは与えないほうがいいと思います。

コスガ 次に、公民館で血圧測定をしたり、レクリエーションを行ってきたミニデイサービスをイメージの源流とするカフェ群です。

武地 これはだいぶピンとこない部分があります。ミニデイサービスが「地域サロン」であるとすれば、矢吹知之先生なら「これは違う。カフェではない」というでしょう。

コスガ　公民館などに専門職がやってきて、介護予防やレクリエーションを行うイメージの源流が、1980年代に始まった「寝たきり老人ゼロ作戦」にあると考えました。ここでいうミニデイサービスは社協が行う「ふれあい・いきいきサロン」や、自治体が直接行う地域活動をひとまとめにした言葉として使用しています。

武　地　「自助サポート系」の当事者性に対してパブリックなイメージがあるかもしれません。あるいは介護予防系といってもいいでしょう。

コスガ　そこで「地域公共サービス系」と名付けました。体験や情報が専門職によるサービスとして提供されるのが特徴です。

武　地　日本では常設型のカフェが2%ほどで、家族や本人がやっているカフェが10%ほどだと思われます。すると日本のカフェのほとんどがこのカテゴリーに入る可能性もあり、もっと中身を細かく見る必要があるかもしれません。

コスガ　第3のイメージの源流として、コミュニティカフェに注目しました。概念化して「オープンコミュニケーション系」と名付けました。活発なコミュニケーションを通じて課題を解決しようというアプローチといえます。

武　地　コスガさんは3つの源流を示しましたが、抜けているものが1つあると思います。それは滋賀

県の藤本直規先生が始めた「もの忘れカフェ」です。さらに元をたどればエスポアール出雲クリニックの高橋幸男先生や石橋典子先生の活動もあります。これらの取り組みが先鞭をつけた当事者が自ら活動するというイメージは、アルツハイマーカフェや認知症カフェが登場したとき、ある意味で混同もされましたし、イメージの源流にもなったと思います。

「拡散」と「特化」

コスガ さらに、以上の3源流だけでは説明できない多様性について、対照的な対人支援観に基づく「拡散」と「特化」という2つの方向性が存在すると考えました。

武地 これは以前コスガさんの話を聞いて「ああ、なるほどな」と思ったところです。ただ、東畑開人さんの本（『居るのはつらいよ』医学書院・2019年）は私も読みましたが、カフェの話をするのに「ケア」と「セラピー」ではわかりにくいかもしれません。

コスガ 東畑さんの師匠筋にあたる河合隼雄の言葉を借りて「母性原理」と「父性原理」という言葉で説明を考えたこともありましたが、誤解を生じやすいのでこの本では用いませんでした。

武地 包容力というか、多くのものを包摂していこう、困っている人がいれば助けていこうという方向と、認知症カフェは認知症カフェとしてある程度のルールを守っていこうという方向に分かれたというのは、多様性を説明できる考えだと思います。今の時代「母性」「父性」という言葉は難しいですね。

コスガ 現実の性別やジェンダーとは違う一種の観念なのですが、理解されにくい言葉のようです。

武地 これは、私自身も「父性原理」ということなのかもしれませんが、「拡散」するカフェには難しさもあると思います。「認知症も病気だけれど、糖尿も病気だし、すべての病気を何でも一緒に話し合えるカフェがいいのではないか」ということをいわれる方もいますが、認知症特有のつらさや、コミュニケーションがうまくいかないこと、「あいまいな喪失」といったことに対処できないと、何もできないカフェになってしまいかねません。

7つの類型

コスガ　3つの系統が2つの方向性に分かれて6類型。それに「アルツハイマーカフェ系」を加え、計7類型というのが、この本で僕が示す日本の認知症カフェの全体像になります。

武地　アルツハイマーカフェが後から来たのか、最初からあったのか、その辺の順番ですね。

コスガ　あるいは、アルツハイマーカフェは二度日本に伝えられた、と考えることもできるような気がします。

〈対談②に続く〉

Part 2

アドベンチャー・オブ・認知症カフェ

さあ、認知症カフェのセカイへ出発です。

1 「自助サポート系」カフェ

「自助サポート系」カフェは家族会を主な源流とします。全国団体から数家族のグループまで、大小さまざまな家族会から介護者という当事者性を軸にする認知症カフェが誕生しました。また、当事者性を軸にするという意味で、認知症のある本人が運営に関わる「本人会議」や「当事者研究」型の集まりもこの類型に当てはまります。「自助サポート系」カフェの開催場所は公共施設から個人宅までさまざまですが、プライバシーを守ることができる環境が選ばれます。また、個々の事情に最大限配慮するカルチャーから、開催頻度は無理のない月1回ペースが一般的です。「自助サポート系」カフェが「拡散」する場合は、多世代交流や常設化など「オープンコミュニケーション系」への接近が見られます。一方で「特化」する場合は、会話中心の原則や、学びの要素などが濃くなる傾向があります。

あたたかな雰囲気の明るい店内（前席中央が金澤さん）

オレンジサロン石蔵カフェ

〔栃木県・宇都宮市〕

新しい時代の始まりを告げた「一番星」

始まりは「役に立ちたい」という願い

まずは日本初の認知症カフェから紹介しましょう。

今から約10年前、若年性認知症のある男性Sさんが「何か人の役に立つことがしたい」と、認知症の人と家族の会・栃木県支部の友人たちに相談しました。

ラグビー経験者で体力に自信があったSさんは、まず農作業の手伝いに挑戦したそうです。しかし慣れない作業で失敗が続き、Sさんは自信を失ってしまいました。

そこで友人たちは、Sさんが外へ出かけるより、お店で人を迎えるような仕事のほうがいいと考えます。

ちょうど使われていなかった古い蔵を見つけ、そこをみんなで片付けて月1回のカフェをオープン。地元の名産・大谷石の蔵にちなんで「石蔵カフェ」と名付け、Sさんはその店でマスターを務めるようになりました。

かつて蔵だった名残は屋根の上に残っている

手作りランチのメニュー

男性たちが厨房に入る日もある

認知症のある人が人前に出ること自体まだ珍しかった時代、「石蔵カフェ」はすぐに新聞やテレビなどマスメディアに注目されました。
特にNHKでは、認知症啓発キャンペーンの題材として選ばれ、マスター・Sさんのいきいきとした様子が繰り返し放送されたそうです。
多くの人々にとって、これがはじめて「認知症カフェ」を知る機会となりました。
「石蔵カフェ」は、まさに時代の夜明けを告げる一番星となったのです。

喜びを感じ取り、
実現していくカフェ

鬼怒川にかかる柳田大橋のたもとに建つ「石蔵カフェ」。

外観はいかにも古民家風。南向きの大きな窓から、店内にはいつも明るい日差しが差し込みます。

「石蔵カフェ」にプログラムは特になく、来訪者同士、あるいはそこにスタッフが加わり、思い思いに居心地の良い時間を過ごします。

ランチ営業のある日は、地元の女性ボランティアたちが料理の腕をふるいます。自家製の野菜や果物など旬の素材を使ったメニューには、季節感がふんだんに盛り込まれます。

知的障害のある人がホールスタッフを務めたり、さまざまな事情で家から出にくい人が室内の飾りや展示販売用の小物を作るなど、いまや「石蔵カノェ」は認知症だけをテーマとする場所ではなくなっています。

「石蔵カフェ」の代表者・金澤林子(しげこ)さんは、「もう認知症カフェか何だかわからなくなってきました」と明るく笑います。

このように、目の前のニーズに応えるうちに、常設の拠点整備、ランチ営業、あるいは認知症以外のテーマへの対応など、主体・対象・事業が複雑化していく方向性を、本書では「拡散するカフェ」と呼びます。

そこには「ごちゃまぜ」「居場所」といわれる取り組みの多くに共通する、ある種の原理を見いだすことができます。

金澤さんはいいます。「私たちの使命は、ご本人たちが何を喜びとしているかを感じ取り、それを実現すること」。

1人ひとりの希望に向き合ってきた積み重ねが、今日の「石蔵カフェ」をつくり上げています。

ワンポイント

「食事をともにすること」

ランチ営業は、収益目的だけでなく、外出したがらない人や、ケアを受けることを遠慮しがちな人にも、参加のきっかけを提供できます。「人は食事をともにすることで家族になる」といいますが、家庭的な雰囲気を目指すカフェほど食事を大切に考える傾向があるのは決して偶然ではありません。

オレンジサロン 石蔵カフェ

開催日：第1土曜、第2木曜、第3日曜
開催時間：11時～15時
（第3日曜は13時～16時）
開催場所：栃木県宇都宮市道場宿町1131
問合わせ：028-667-0365

Dカフェ・ラミヨ

〔東京都・目黒区〕

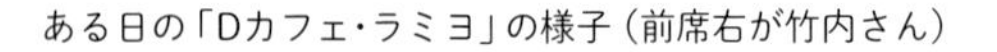
ある日の「Dカフェ・ラミヨ」の様子（前席右が竹内さん）

代表・竹内さんの自宅が会場

国内最大のカフェ・ネットワーク

目指したのは家族会とは異なるかたち

日本最大の認知症カフェといえば「Dカフェ」です。

それは東京都目黒区を中心とする10か所の会場で、毎月12回のカフェとイベントを開催するスケール。近隣だけでなく他県からも見学者が訪れ、多くの後進カフェのモデルになってきました。

そして「Dカフェ」のなかでも最初のカフェである「Dカフェ・ラミヨ」は、２０１２年に始まった国内最古のカフェの１つでもあります。

その活動は目黒区の認知症家族会「たけのこ」が母体となりました。「Dカフェ」設立者の竹内弘道さんは、次のようにいいます。

「いまでも続く『たけのこ』は、本人と家族がともに参加する絆の深

リビングの大きなテーブルはカフェのシンボル

この看板が目印

い家族会ですが、もう少し外部の人も参加しやすい集まりがあってもいいと感じていました」。

竹内さんには具体的なイメージがありました。それは自宅に友人たちを招いた際に、認知症のある母・伊代さんが同席することで、友人たちが認知症について自然と理解を深めていったことです。

2012年7月、自宅の建て替えを終えた竹内さんは、そこで「たけのこ」の仲間たちと「Dカフェ・ラミヨ」を開始します。

残念ながらその前年に98歳で亡くなった伊代さんは参加することはできませんでしたが、カフェ名にその名前を遺しました。「ラミヨ」とは、フランス語で親しい友人を意味する「L'ami」と、伊代さんの名前に由来します。

自由で平等な市民のための認知症カフェ

10ある「Dカフェ」には、それぞれ個性があります。

病院で行われる3つのカフェでは、医療職と市民がともに学び合える講話や、若手専門職による趣向を凝らしたイベントなどが行われます。

また、介護施設などで行われるカフェでも学びの機会は設けられますが、比較的認知症当事者の参加も多いため、より当事者性に寄り添う雰囲気が濃くなります。

変わり種としては、居酒屋「養老乃瀧」で開催する「Dカフェ・

YORO」があります。もともとはメンバー行きつけのお店でしたが、店長の好意でカフェが行われるようになりました。しかし飲み会とカフェにはきちんと一線が引かれ、ビールは16時以降しか出されません。

このようにバラエティに富む「Dカフェ」ですが、共通の大原則があります。

それは会話を主体にすること。すべての「Dカフェ」は基本的に会話のみで進行します。デイサービス的なカルチャーとは距離をおき、全員で歌や体操をするようなことはありません。このポリシーは、特に「Dカフェ・ラミヨ」では徹底されています。

「Dカフェ」の「D」には、「ディメンシア」だけでなく、「誰でも」や「ダイバーシティ」の意味も込められています。「Dカフェ」は認知症以外のテーマにも取り組んでいますが、それ以上に主体・対象・事業をあえて複雑化させないという原則は明確であり、そこに「特化」するカフェの特徴がよく表れているといえるでしょう。

名物の落語はカフェのあとで始まる

伊代さんがカフェを見守る

Dカフェ・ラミヨ

開 催 日：第2日曜、第2・第4土曜
開催時間：13時～16時
開催場所：東京都目黒区五本木
1-5-11　竹内氏宅
参 加 費：300円
問合わせ：03-3719-5592
（NPO法人Dカフェ net）

ワンポイント

「情報発信」

「Dカフェ」には、年2回、毎号1万部発行される『でぃめんしあ』という情報誌があります。カフェ紹介、インタビュー、そして広告など、はじめて認知症カフェのことを知る人にもわかりやすい誌面になっており、「Dカフェ」の哲学が凝縮されています。ネットでいつでも情報発信できる時代ですが、紙の媒体ならではの価値は決して失われていません。

21世紀美術館内のおしゃれなカフェ「Fusion21」が会場になる

金沢市若年性認知症カフェ

もの忘れが気になる みんなのHaunt

〔石川県・金沢市〕

アート空間につどう クリエイティブな人々

福祉の街の若年性認知症カフェ

加賀百万石の伝統と洗練された文化が魅力の金沢市。一方で、善隣館運動のような独自の施策に取り組んできた福祉の街という顔ももっています。

認知症カフェの普及にも、早くから行政がリーダーシップを発揮してきました。現在、約46万人の人口（市立中学校は24校）に対し60か所以上の認知症カフェがあるのは、全国トップクラスの設置率となっています。

順調に数を増やした認知症カフェに対し、課題とされたのが若年性認知症のある人たちのための場所でした。

2015年、有志の市民により「若年性認知症の人と家族と寄り添いつむぐ会」が立ち上がりました。きっかけの1つは、社会福祉士の道岸奈緒美さんが、若年性認知症のある母親を介護していた同級生と再会したこと。既存の制度・サービスになじみにくい人たちのために、それまでにないものを生み出す活動が始まりました。

やがて、医療・介護関係者だけでなく、弁護士、議員、行政職員、僧侶といった人々にも賛同が広がり、2017年8月、「金沢市若年性認知症カフェ もの忘れが気になるみんなのＨａｕｎｔ」が始まりました。

プロの指導で押し花体験が行われたことも

そして、選ばれた会場は金沢21世紀美術館。

交通アクセスが良く、季節を問わず快適で、デザイン性にも優れた美術館は、誰もが気持ちよく出かけられる場所です。

観光客で常に混雑しているという点も、むしろ地元の知っている人とは出会いにくいとして前向きに考えられました。

家族連れで参加する
カルチャーが根付く

「みんなのＨａｕｎｔ」は、基本的には会話主体のカフェです。21世紀美術館内のカフェ・Fusion21で、コーヒーなどを飲みながら、日々のこと、未来のことなどを話して過ごします。

そのなかで「こんなことがやりたい」「あそこへ行ってみたい」という希望が出れば、それをみんなで実現しようと動きます。

例えば若年性認知症と診断された押し花作家の方の希望により、みんなで押し花の体験会を行いました。他にも文化財となっている茶室で抹茶を楽しんだり、みんなで音楽ライブを楽しんだり、さまざまなアイデアを実現してきました。

そして「みんなのＨａｕｎｔ」の楽しいカルチャーとなっているのは、普段から子どもたちが参加していること。「寄り添いつむぐ会」副代表である道岸さんをはじめ、多くの参加者がお子さんたちを連れてきており、毎回赤ちゃんから大学生まで多世代が場を賑やかにします。

若年性認知症のある人にはまだ学齢期のお子さんがいることもあります。制度のすき間で見落とされがちな当事者のお子さんたちを、まるごとケアできる場になっているのも「みんなのＨａｕｎｔ」の特徴です。

子どもたちが参加するカルチャーがある

ワンポイント

「ユニバーサルであること」

金沢21世紀美術館では、「みんなのHaunt」が始まったことをきっかけとして、認知症のある人が参加するワークショップなどが行われるようになりました。文化や芸術は一部の人のためのものではなく、すべての人にアクセスが保証されるべきであり、全国の美術館や博物館と認知症カフェは共通の未来を目指すことができるでしょう。

金沢市若年性認知症カフェ
もの忘れが気になるみんなのHaunt

開 催 日：不定期（年間予定参照）
開催時間：不定
開催場所：石川県金沢市広坂 1-2-1
金沢21世紀美術館
Fusion21
参 加 費：ワンオーダー（500 円程度）
問合わせ：080-1954-3681（平日9時～16時）

おれんじドア も〜やっこなごや

〔愛知県・名古屋市〕

本人席のファシリテーターは山田真由美さんが務める（写真は会の終了後）

会場となる名古屋市西区役所外観

当事者による当事者のための場

当事者性を最大限尊重する取り組み

当事者性を重視する「自助サポート系」カフェでも、1つの究極といえるのが「おれんじドア も〜やっこなごや」です。こちらは仙台市で丹野智文さんが始めた「おれんじドア」をモデルに、名古屋でアレンジされた取り組みです。

開催場所は、区役所4階の大きな会議室。参加に際して居住地などの条件を問わないので、名古屋市内だけでなく、新幹線で県外からやって来る人もいます。

「おれんじドア も〜やっこなごや」は、代表を務める山田真由美さんのあいさつから始まります。

山田さんは51歳で認知症と診断されました。一時期、とても落ち込んだ日々を送っていましたが、他の当事者との出会いにより前向きに生きる力を取り戻すことができました。あとに続く認知症のある人のために、自分もそんな出会いの場をつくりたいという思いから「おれんじドア も〜やっこなごや」を立ち上げました。

山田さんのあいさつが終わると、参加者は認知症のある人の本人席と家族席に分かれます。その際、それぞれの席の会話が聞こえないくらい離れるため、あえて大きな会議室が使われています。

書記の専門職はいますが、本人席で会話に参加できるのは本人のみ。山田さんがファシリテーターを務めながら、認知症のある本人同士という共感に基づいた対話が行われます。

この話し合いは毎回1時間ほど行われますが、いつも笑い声が絶えない賑やかなひとときになります。無口だと思われていた初参加の人が、この場では饒舌に語り出すということはよくあることだそうです。

「おれんじドア も〜やっこなごや」は、当事者性を尊重し、本人の自由を守るために、あえて強めの原理原則を打ち出しています。

「ドア」は入り口であり出口である

名古屋市は認知症カフェが広く普及する都市です。市では市内に250か所という目標を掲げており、その数はすでに200か所を超えています。

この認知症カフェ先進都市を牽引するのが、名古屋市認知症相談支援センターです。

市の認知症施策の中核機関という位置づけで、地域包括支援センターなどの後方支援も担う同センターの存在は、全国的に見てもユニークなものです。

なかでも、ガイドラインと助成を組み合わせたカフェ開設・運営支援

本人席はついたての向こうに作られる

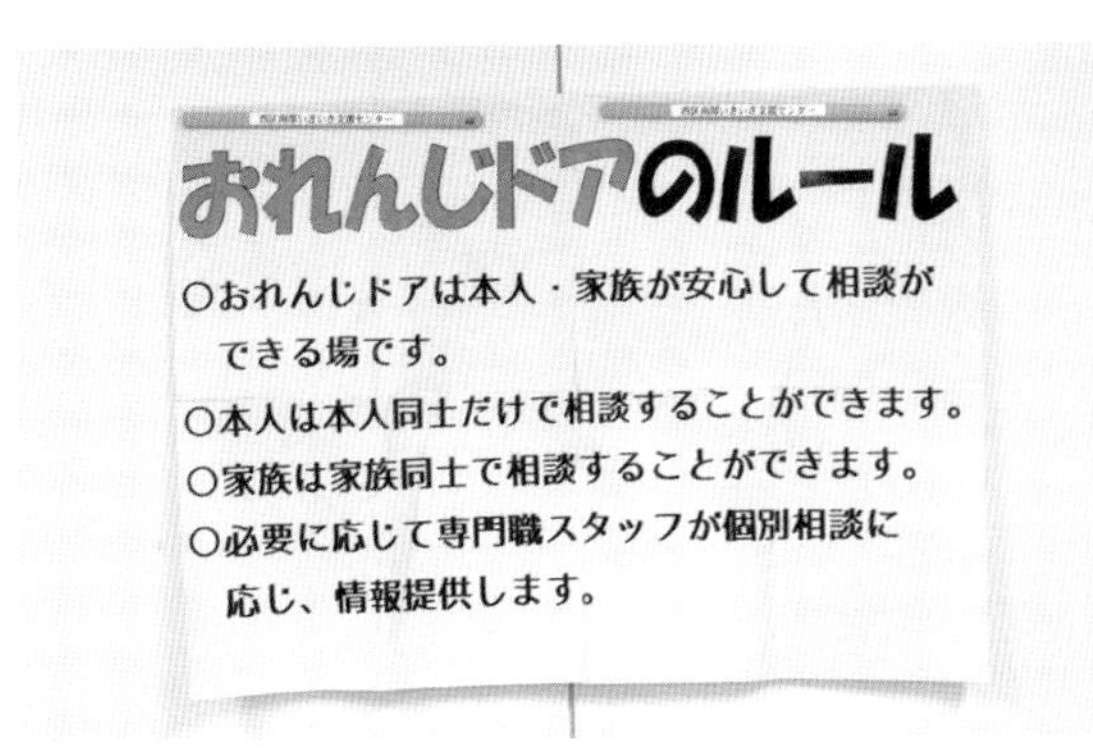

会場には「おれんじドア」のルールが掲示されている

は、オランダにおけるアルツハイマー協会の役割に似ているといえるでしょう。

こうして同センターが認証する「なごや認知症カフェ」は、品質と継続性が担保された優れた取り組みになっています。

各地域のカフェと「おれんじドアも～やっこなごや」の関係について、名古屋認知症相談支援センターの鬼頭史樹さんは「本人同士の出会いを通じて元気を取り戻した方が、それぞれの地域の認知症カフェにつながってほしい」と語ります。

ここに「おれんじドア」が「ドア」と名付けられた所以があります。

ドアとは入り口であり、出口でもあります。混乱と不安に陥っていた当事者が、出会いと交流を通じて復活し、次のステージに進んでいくイメージが投影されています。それは「居場所」とは異なる「通過する」イメージ。自立支援的な対人支援観が表れているといえるでしょう。

最後は全員で感想を共有して終了する

ワンポイント

「Nothing About Us Without Us」

いま、認知症のある本人による発信は、国や自治体を動かすほどになっています。「私たちのことを、私たち抜きで決めないで（Nothing About Us Without Us）」という言葉を掲げた当事者運動が結実しつつあるのです。カフェもまた、沈黙を強いられる立場の人を生まないためにどう行われるべきか、考え続けなければなりません。

コッシーのカフェ散歩

おれんじドア も～やっこなごや

開催日：第3土曜
開催時間：13時30分～15時30分
開催場所：愛知県名古屋市西区花の木2丁目18-1 西区役所4階
参加費：無料
問合わせ：052-523-4595（西区福祉部福祉課）

坊主めくりで盛り上がる1階の様子（右から2人目が小島さん）

いちばんいきいきサロン

（神奈川県・横浜市）

駄菓子屋のおばちゃんが見守るみんなの居場所

本人と家族が分かれる認知症カフェ

横浜市の京急線・鶴見市場駅前にある「駄菓子カフェ・こどもの店」。

オーナーの小島華子さんは、約30年前に母親の認知症介護を経験しました。その当時、介護の相談ができる相手が近くにいなかったという自分自身の経験から、いつか「駆け込み寺」のような場所をつくりたいと小島さんは考えていたそうです。

2013年、小島さんはかつて玩具店だった自宅を改装してカフェスペースのある駄菓子屋をオープン。

そこで翌年、友人たちとともに始めたのが認知症カフェ「いちばいきいきサロン」です。

現在、「いちばいきいきサロン」には複数組の認知症のあるご本人と家族、そして小島さんのヘルパー仲間たち、さらに家族会や介護者の会「おりづる会」のみなさんが集まり、地域の専門職や行政の担当者も顔を出しています。

「いちばいきいきサロン」は、2部構成になっています。

前半は、参加者全員で車座になり、それぞれ一言ずつ自己紹介と季節のお題に沿った話をします。そして、後半は認知症のある人は1階に、介護家族と専門職は2階に移動し、別々に進行します。

1階では、みんなで一緒にお菓子を食べたり、歌を歌ったり、認知症のある人が楽しめることをして過ごします。

意外にもみんなで楽しめるのが坊主めくり。ほとんど運だけで勝負が決まるため、誰でも勝てる偶然性と、1000年前の和歌をモチーフにした雅な雰囲気を楽しみます。

その間、2階の和室では、専門職と介護経験者らが、家族の相談をじっくり聞きます。介護者の心情を

1階は駄菓子屋スペース

駄菓子カフェ外観

2階では介護家族の相談を聞く

よく理解している人たちが、どんな愚痴や弱音でも吐き出せる雰囲気をつくります。

街を見守る駄菓子カフェの可能性

小島さんは、認知症カフェ以外の日も地域と向き合っています。

毎日、お店のシャッターを開けるのは13時。はじめにやって来るのは近所の高齢女性たちです。テーブル席でコーヒーなどを飲みながら、おしゃべりを楽しみます。

そのあと来店するのは幼稚園帰りの親子連れ。買い物の勉強として、お母さんが子どもに小銭を持たせて駄菓子を選ばせるという光景がよく見られます。

15時を過ぎた頃から、放課後の小学生たちが増えてきます。

さらに夕方になると、晩ごはんの支度がある女性たちは帰宅し、子どもたちの時間になります。お菓子を食べたり、ゲームをしたり、そこで宿題をしていく子もいます。

小島さんのお店は、常設型のカフェという面ももっています。地域の高齢者、親子連れ、小学生たちは、一緒に何かをするわけではありませんが、お互いを風景とするような自然な距離感で場をともにし、その様子を小島さんはやさしく見守ります。

「全然、もうかりませんよ」といって小島さんは笑いますが、こんな駄菓子屋さんが全国に増えると素敵ではないでしょうか。

ワンポイント

「駄菓子屋さん」

いま全国の介護施設などで駄菓子屋を併設する事例が増えています。子どもたちが通うことで施設と地域の接点となり、また入居者に店番などの役割をつくり出せることも期待されているようです。いまこそ小島さんのお店のように昔ながらの駄菓子屋さんを、地域包括ケアの拠点として再評価するという視点があっても面白いのではないでしょうか。

いちばいきいきサロン

開催日：第2木曜
開催時間：10時〜12時
開催場所：神奈川県横浜市鶴見区市場大和町8-2
駄菓子カフェ・こどもの店
問合わせ：045-501-3876

コミュニティカフェ「Annaka ひだまりマルシェ」を借りて行われている

「特化」する 06 自助サポート系カフェ

ささえあいカフェ Smile a Smile

(群馬県・安中市)

現役介護者が立ち上げた小さなカフェ

3人で始めた小さなカフェ

「ささえあいカフェ Smile a Smile」は、2017年10月に始まったカフェです。

認知症のある母親と同居する岩井美苗さんと、それぞれの配偶者を介護する2人の現役介護者で立ち上げました。

会場となるのは安中市松井田町にある「Annaka ひだまりマルシェ」

という素敵なコミュニティカフェ。岩井さんが友人のインスタグラムを介してオーナーの神戸るみさんと知り合い、ちょうど神戸さんも認知症カフェに関心を寄せていたところだったため、お互いにとってよい出会いとなりました。

偶数月と奇数月で開催日を変えているのは、平日か週末かどちらかしか来られない人のため。実際に常連さんのなかには、片方にのみ参加している人がいます。

11時になるとカフェが始まり、参加者が一言ずつ近況報告をしていきます。以降、カフェは基本的に全員で会話するワンテーブル方式で進行していきます。

話される内容は「おしゃべり」というよりもう少し真剣な相談ごとが多いようです。お互い家族介護者であるという共通の当事者性がベースにあり、苦しい心情を吐露したり、弱さをさらけ出せる関係ができています。

12時頃になると、神戸さんがランチを出していいか、声をかけます。そこでホッと雰囲気が緩み、美味しい食事をともにしながら介護以外の楽しい会話も交わされるようになります。

「ささえあいカフェ Smile a Smile」代表の岩井さん（中央）

頃合いを見て料理を出す神戸さん

それぞれに訪れる変化

カフェの開始から2年以上がたち、立ち上げメンバーにもそれぞれ転機が訪れています。

代表の岩井さんは、母親が施設に移りました。認知症の進行にともない、トイレの失敗などが繰り返し起きるようになり、次第に家族介護の限界へ至る過程を、カフェのメンバーは見守ってきました。

さらに、岩井さんは母親の施設入所後、むしろ激しく落ち込みました。施設を選択した責任の重みや、もっとできることがあったのではないかという悔恨などが一度に押し寄せたようです。その様子に「カフェを辞めてしまうかと思った」と、常連メンバーは心配しましたが、それでも寄り添い、勇気づけました。

介護していた配偶者を亡くした人もいます。思い出を語りながら、静かに涙を流すメンバーの深い悲しみを、カフェのみんなで受け止めました。

介護者同士の互助に「特化」してきた「ささえあいカフェ Smile a Smile」ですが、2年間を振り返り、岩井さんは家族以外の人たちの参加が印象に残っているそうです。

例えば近隣の地区で、敬老会の要職にある人が参加してくれたこと。これからの地域をどうするかという視点で認知症と向き合おうという姿勢が頼もしく感じられたといいます。

「当初、カフェの名前の『ささえあい』というのは家族同士のもの、というイメージでした。でも、いまは地域のいろいろな人と『ささえあい』ができると感じています」と岩井さん。

自分たちのための活動が、やがて地域をも変えていく。カフェのもつ可能性は、想像以上に大きいようです。

旧中山道に面したカフェ外観

ワンポイント

再浮上する「家族」

介護保険が導入されて20年。家族は認知症介護から解放されたのではなく、早期発見のキーパーソンであることや、ケアの軸となる「その人らしさ」の判断を求められることなど、むしろ新しい責任が発生したという指摘があります。もう1人の当事者でありながら制度の枠外に置かれてきた「家族」は、いま新しいテーマとして再浮上しつつあります。

ささえあいカフェ Smile a Smile

開 催 日：偶数月・第1木曜
　　　　　奇数月・第1土曜
開催時間：11時～14時
開催場所：群馬県安中市松井田町松井田564
　　　　　Annakaひだまりマルシェ
問合わせ：cafesmileasmile@gmail.com

認知症カフェ 房舎

（岡山県・倉敷市）

一期一会の「住み開き」カフェ

たったの1人の認知症カフェ

倉敷市のとある住宅地に、「認知症カフェ 房舎」という看板を出す一軒家があります。

ここは、武南恵美子さんという女性がたった1人で運営するカフェ。

行政による助成の申し出や、手伝いたいというボランティアの方もありましたが、「1人でできることを

「認知症カフェ」の看板がよく目立つ

右上）絵には思いが込められてる　右下）オーナーの武南さん　左）細やかな気配りが行き届いた室内

長く続けたい」という理由で丁重にお断りしたそうです。

武南さんは、かつて両親の介護を経験し、認知症のある人や家族がいつでも相談に来られる駆け込み寺的な場所が必要だと感じてきました。

両親の看取りを終えたあと、アーティストとして使っていた自宅アトリエを改装し、いわゆる「住み開き」というかたちでカフェを始めました。

「房舎」は、世界で最も小さく、美しい認知症カフェといえるでしょう。

ベルナール・ビュフェの絵、備前焼の一輪ざし、シンプルで機能的な椅子やテーブルが置かれた室内には、美術家らしい細やかな気配りが行き届いています。

営業日は、基本的に10時30分から18時まで開いていて、事前に申し込んだお客さんには手作りのランチを出しています(現在ランチは休止中)。

接客、調理、介護の相談と、1人でこなすのは大変でしょうと尋ねても、「ただのヒマな喫茶店よ」と武南さんは呵々大笑します。

人の話に耳を傾け、心を結びなおす活動

武南さんはカフェでお客さんを待つだけでなく、地域に目を配る活動も行っています。

近所でいわゆる「ゴミ屋敷」と呼ばれるような問題が起きたときは、飼い犬の話題をきっかけに当事者と信頼関係を築き、福祉の窓口につなげたこともありました。後日、その人が一時入院することになった際には、その犬の世話を引き受けたりもしたそうです。

武南さんのいう「1人でできること」とは、そこまで及びます。完全に認知症カフェの範疇を超えているといえるでしょう。

なお、カフェこそ1人で続けている武南さんですが、その明るく社交的な性格で、家族会活動においては他県にも知られた有名人です。2017年に京都で開催された、国際アルツハイマー病協会第32回国際会議では、よく目立つピンクの着物姿で縦横無尽に活躍しました。

そんな武南さんの人柄に惹かれるように「房舎」には絶え間なく来訪者があります。いつも散歩の途中に立ち寄る人や、ここでしか話せない悩み事があるといって遠方から来る常連の人もいます。

その人に寄り添い、勇気づける「認知症カフェ 房舎」。

この気高く美しいカフェもまた、アーティスト・武南恵美子さんの作品の1つといえるでしょう。

ワンポイント

「大きなカフェ 小さなカフェ」

認知症カフェという取り組みは、参加人数の大小だけでその価値を決めることはできません。より親密な関係を求める人、あるいは逆に適度な距離感を望む人などには、小さなカフェのほうが向いていることがあります。大事なのは選べることでしょう。「房舎」のように小さなカフェがあることは、間違いなくその地域のカフェ文化を豊かにしています。

認知症カフェ 房舎

開 催 日：月・火・木・金・日曜（第3週は全休）
開催時間：10時30分～18時
開催場所：岡山県倉敷市水江1586-140
問合わせ：086-465-9374

開催中の「オレンジカフェコモンズ」の様子

オレンジカフェ コモンズ

〔京都府・京都市〕

範を示し続けるウェルメイドな認知症カフェ

臨機応変な対応を可能にする綿密なミーティング

京都を中心に関西には認知症のある本人と家族が前もって予約して足を運ぶ認知症カフェが多くあります。

その理由の1つは、関西で（全国でも）最も早く始まり、設立者の医師・武地一先生が講演や書籍を通じてその情報を発信してきた「オレンジカフェコモンズ」の影響があるといえるでしょう。

見学者だけでなく、来店者にも事前の参加申し込みをお願いするというルールは、きめ細やかなケアを可能にしてきました。

「オレンジカフェコモンズ」は毎回午前11時オープン。しかしスタッフのみなさんは1時間以上前に集合してミーティングを行っています。

ミーティングでは、その日の参加予定者1人ひとりについて、前回の様子、通院状況、家族環境などを情報共有します。そして実際に来店したときスタッフの誰が迎えて、どの席に着いてもらうか、相性がいいのは誰かなど、できる限りのことをあらかじめ想定しておきます。

「オレンジカフェコモンズ」にはプログラムや時間割はありません。しかし、カフェが始まると、初参加者を囲む席ができたり、男女別に座ってみたり、天気が良ければ散歩に出かけるなど、滞りなく進行していきます。

こうした当意即妙な進行ができるのは、まさにスタッフの練度の賜物です。「オレンジカフェコモンズ」は、独自の研修プログラムを整えており、その上でカフェをセミクローズドな場にしてきたことは、ケアの効果を高めることに貢献してきたといえるでしょう。

なおカフェの終了後も、毎回振り返りのミーティングが行われます。

日本屈指のウェルメイドな認知症カフェは、このような不断の努力を背景に成り立っています。

カフェ前のミーティングの様子

中京区「江湖館」の中庭

オレンジカフェコモンズの歴史と変遷

「オレンジカフェコモンズ」は、当時、京都大学医学部附属病院の医師だった武地先生が、2012年9月に立ち上げた「オレンジカフェ今出川」を前身とします。

当初は地域のコミュニティサロンを借りた、誰でも参加できるカフェ

コーヒーを出すカウンター

でしたが、あまりに多くの人が参加するようになり、2年目から要予約になりました。

毎週日曜の開催で、専門職の他に、有償ボランティアを配置するなど、適切に運営費をかけたカフェであったことなどは、武地先生の著書『認知症カフェハンドブック』（クリエイツかもがわ・2015年）に書かれている通りです。

その後、「オレンジカフェコモンズ」には何度か転機が訪れました。

開催場所の都合もあり7年間のあいだに3回場所を移動したこと、NPO法人オレンジカフェコモンズを設立し「オレンジカフェコモンズ」をその直営とするとともに、NPO法人として地域の多機関と連携したオープン型のオレンジカフェ上京の開店・運営に参画したこと、店長が武地先生から社会福祉士の青木景子さんへ、そして、家族介護者である河合雅美さんに代わったことなどです。しかし、当初からの当事者性に重きを置く「自助サポート系」カフェの特徴は引き継がれています。

「特化」するカフェのなかでも、最もウェルメイドな「オレンジカフェコモンズ」にも年月のなかで変わることもあります。カフェが変化を迫られるとき、より良い選択ができるかどうか、トップランナー「オレンジカフェコモンズ」に学ぶべきことはたくさんあります。

オレンジカフェコモンズ

開催日：第1・第3日曜
開催時間：11時～15時
開催場所：京都府京都市中京区竹屋町通烏丸東入る清水町375番地ハートピア京都6階
参加費：飲み物100円
問合わせ：080-6210-2335
（留守電の場合、かけなおし対応）

ワンポイント

「京都」

日本の認知症カフェ発祥の地といえば京都です。それは「オレンジカフェ今出川」の存在だけでなく、のちに認知症カフェなどにつながる認知症初期支援のアイデアが盛り込まれた「2012京都文書」採択の地だからです。さらに、認知症の人と家族の会も京都発祥。あらゆる意味で京都は日本のリーダーであり続けています。

「自助サポート系」カフェ

コスガ　まずは2012年に始まった日本で最も古い認知症カフェの1つ「オレンジサロン石蔵カフェ」です。

武　地　こちらには行ったことがあります。始まって何年かの頃は、まさに当事者を中心にした家族会的な取り組みだったと思いますが、コスガさんはこちらが「拡散」していると考えるわけですね。

コスガ　はい。立ち上げの際は1人の若年性認知症のある男性を中心としたカフェでしたが、やがて他の当事者の方たちも参加するようになり、さらにランチを提供するようになってからは地域の人たちも関わるようになりました。先日行ったときには、折り紙をするグループがいたり、食後にみんなで歌を歌ったり、「ダメということはない」という代表の金澤林子さんの言葉が象徴的だと感じました。

武　地　金澤さんの包容力が「拡散」した理由でしょうか。

コスガ　一方、同じく2012年に始まった「Dカフェ・ラミヨ」は、代表的な「特化」するカフェだと思います。

武　地　こちらもいろいろな人を巻き込んで、いろいろな場所でやっているという意味では代表の竹内弘道さんの包容力が大きいと感じます。居酒屋でも開催しています。

コスガ　その通りです。ただし、あくまで会話中心というポリシーを大事にしています。竹内さんのお

宅にはピアノもありますが、歌が歌われることはほとんどないそうです。

武地　落語をやっている写真がありますね。

コスガ　都立松沢病院の新里和弘先生が安楽亭くしゃみ師匠という名前で落語を披露するのが一種の名物になっています。しかし、これもカフェの終わったあとで行われるなど一線をひいています。

コスガ　次は「**金沢市若年性認知症カフェ　もの忘れが気になるみんなのＨａｕｎｔ**」です。主に金沢21世紀美術館で活動していますが、みんなで旅行に行ったり、外で流しそうめんをしたり、お茶室で開催したり、参加者の希望を聞いてさまざま活動を行う「拡散」するカフェとしました。

武地　若年性認知症支援に「特化」しているという見方もできるのではないですか？

コスガ　たしかにそうともいえますが、やはり「おれんじドア も～やっこなごや」と比べると対照的だと思います。こちらの最大の特徴は認知症のある本人だけで会話を進めるパートがあることです。

武地　仙台の丹野智文さんが始めた「おれんじドア」の名古屋版ということですね。当事者会系なのはわかりますが、はたして「カフェ」かどうか。

コスガ　対話に「特化」した、最もとんがったカフェとして取り上げました。

武地　これはこれでいいと思います。

コスガ　「いちばいいきいきサロン」「ささえあいカフェ Smile a Smile」「認知症カフェ 房舎」は、介護経験者、あるいは現役の介護者が立ち上げたカフェです。

武地　駄菓子カフェ（いちばいいきサロン）と房舎は常設の場所があるので、コミュニティカフェ的というか、区別がつきにくい感じはありました。

コスガ　「拡散」するカフェは似てくる傾向があります。何でも取り込むので、傾聴や相談があり、歌やゲーム、アート活動、そして常設性もあります。

武地　軸足はどこかにあるけれど、活動が広まっていって、オーバーラップするということですね。

コスガ　そして「自助サポート系」の最後は「オレンジカフェコモンズ」。日本で最も古い認知症カフェ

の１つであり、まさに先生が手がけたカフェです。

武　地　もともとは京都大学で家族会や本人会をやったり、藤本先生の「もの忘れカフェ」や、アメリカのコーヒーハウスという活動について聞いていました。京都文書を出してから、自分たちには初期の認知症イメージを変えていく使命があるということで、カフェをやろうということになりました。

コスガ　イメージの源流が複数あったということですね。

武　地　コスガさんはコモンズの事前予約について注目されましたが、自分たちとしてはそんなに重視するところではありません。予約しないと座れない人が出てきたからやむなくお願いするようになったということです。

コスガ　２０１９年１月に見学させていただいたときは、とても家族会的な雰囲気を感じました。武地先生が京都を離れ、代表が河合雅美さんになり、雰囲気が変わってきたのかと思いました。

武　地　そもそもが家族・当事者、両方目線というか、当事者系ですね。私が患者家族を看るという色彩はそんなに強くはありませんでした。病気について説明するようなことはありませんでしたし。もともと楽しくおしゃべりするカフェだったのです。

〈対談③に続く〉

2「地域公共サービス系」カフェ

「地域公共サービス系」カフェはミニデイサービスやサロン、介護予防活動のような公的サービスをイメージの源流とする認知症カフェです。最大の特徴は、主催者と参加者の関係が必ずしも同じ立場ではないこと。多くの場合、医療・介護専門職がサービスを提供し、地域住民など一般参加者がそれを受け取るという構図です。よって「地域公共サービス系」カフェは専門職が自施設で開催するケースが多く見られます。頻度としては月1回が一般的ですが、体操など介護予防をメインとする場合は月2回や週1回といったペースになることもあります。「地域公共サービス系」カフェが「拡散」する場合は、毎回内容が変化しがちになり、「特化」する場合は、歌や体操など1つのことに内容が絞られがちになります。なかには「認知症予防カフェ」として「特化」していくケースもありますが、「認知症になりたくない」という気持ちに拍車をかけるようなことは認知症カフェの趣旨に合わないので注意が必要です。

笑顔が絶えない「土橋カフェ」スタッフ

土橋カフェ

〔神奈川県・川崎市〕

町内会カフェと未来のまちづくり

認知症カフェ成功のヒミツ

「土橋カフェ」は、認知症カフェの成功例として、しばしばメディアで取り上げられます。しかし、記事などで読むだけではそれほど特別なカフェには思えないかもしれません。

開催は月1回、公民館のような建物で行われます。内容は毎回変わり、ミニレクチャーや音楽演奏など。

そして、住民自らコーヒーやお茶を用意して、自由に会話できる時間があり、カフェの最後にはシナプソロジーで体を動かします。

この内容であれば、各地の平均的なカフェ像と大きく変わらないでしょう。

ところが「土橋カフェ」には、平均を大きく上回る動員があります。

2013年の初回から70名以上の参加があり、いまでは120名を超えることも。和室と洋室の二間をつなげた広いスペースを住民が埋めつくすような光景は、カフェ関係者であれば羨望すら覚えることでしょう。

この動員力は一朝一夕で出来上がったものではありません。

川崎市宮前区は、東京近郊のベッドタウンとして、1960年代に大きく発展しました。急激な人口流入は地域を分断しかねない事態でしたが、土橋地区では旧住民と新住民が立場を超えてまちづくりに協力し、都市開発の教科書に取り上げられるほどの成功を納めました。

そんな結束力をもつ町内会が主催するのが「土橋カフェ」なのです。

町内会メンバーの認知症理解が鍵

「土橋カフェ」の特筆すべきポイントは、中心メンバーの学びの深さです。

かつて、カフェ開設に向けて地域包括ケア会議を立ち上げた際、前任地でカフェ的取り組みを試みていた医師の高橋正彦先生と、聖マリアンナ医科大学病院で活躍した認知症看護の泰斗・五島シズ先生が会議に加

このときは、作家・小倉美恵子さんの解説で土橋地区の記録映画の上映が行われた

土橋会館外観

会場前に掲出される案内板

わりました。

　土橋地区の町内会、老人クラブ、地区社協、民生委員などのメンバーは、この2人から1年にわたり認知症ケアに関する指導を受け、正しい知識と自信を身につけてから認知症カフェの運営に乗り出しました。

　「土橋カフェ」スタッフの振る舞いは合理的配慮のお手本のようです。

　車両の誘導、入り口での声かけ、席への誘導、雑談を交えながら体調などを気遣い、カフェの最中も様子を見守ります。

　また、地域にカフェへ誘いたい人がいる場合にも、個々の事情を汲んで上手に声かけを行います。認知症があっても意欲のある人には、コーヒーや抹茶の給仕役として参加してもらうこともあります。

　いま、土橋カフェ主宰者の老門泰三さんは、「これまでのカフェ活動を通じて、地域の人々の認知症への偏見が和らいできました」と自信を深めています。まさにカフェが認知症のイメージを変えつつあるといえるでしょう。

　「土橋カフェ」は、深い学びこそカフェ成功の確かな道であり、さらに普段のまちづくりが何より重要であるということを私たちに教えてくれます。

ワンポイント

「地域の歴史」

土橋地区の人たちは「うちは縄文時代から続く町内会」といって笑います。それは土橋会館のすぐ隣に縄文後期の遺跡があるから。戦後、人口が急増した土橋地区ですが、元からあった50戸ほどの家は現在でも町内会や土橋神社の責任ある立場を務めています。郷土史的な関心をもってカフェを見つめてみるのも面白いものです。

土橋カフェ

開 催 日：第1水曜
開催時間：13時30分～16時
開催場所：神奈川県川崎市宮前区土橋
　　　　　2-13-2　土橋会館
問合わせ：044-855-9154（老門泰三さん）

コッシーのカフェ散歩

グループホームの玄関先で開催されるカフェ

そぉれ de おしゃべりカフェ

〔大阪府・枚方市〕

青空の下で開催する ゆる～いカフェ

雨天中止の 青空カフェを生んだ機転

ある日、枚方市の認知症カフェを調べていたら、「雨天中止」というただし書きのあるカフェに気がつきました。

雨天中止？　いったいどんなカフェなのだろうと興味を惹かれ、学研都市線・長尾駅からバスに乗って行ってみると、そこで目にしたのは実にのどかな光景。

「そぉれ deおしゃべりカフェ」は、グループホーム施設の前庭に縁台を出して開催される、のんびりとした青空カフェだったのです。

屋根がないので雨が降れば中止。暑ければテントで日陰をつくり、寒ければ薪ストーブにみんなであたりながら開催します。

通りからは奥まった場所で行われている

大きな看板で告知する

気合いが入っているのか、そうでないのかわからない不思議なカフェです。

外で開催するようになったのは、枚方市の認知症カフェ事業者募集に、株式会社ウィズ・ケアサポート代表取締役の大久保真紀さんが手を挙げたところ、グループホーム内での開催は建物の目的外使用にあたると意見がついたためだそうです。

「そんなことをいわれても（笑）。別の場所を借りれば費用もかかるし、急にそんなアテもないし。ということで、中がダメならおもてでやろう、と発想の転換をしました」と大久保さん。

誰にナニをいわれても、「ま、ええか」と受け止めてしまえるところは実に大阪的。そんなあっけらかんとしたところこそ、「そぉれ deおしゃべりカフェ」の魅力です。

「見えるカフェ」、その効果とは

実際に開催してみると、屋外ならではのメリットもありました。

カフェの様子が多くの人の目に留まるのです。

施設の前には通行量の多い道路があり、さらにその向こうには小学校と中学校が並んでいます。

縁台に座って通りのほうを眺めていると、地域の人たちや児童・生徒たちが、こちらをチラっと覗き見しながら歩いていくのがわかります。

入居者の方もカフェに参加する

このチラ見によるPR効果はとても大きいようで、「そぉれ deおしゃべりカフェ」は新規の相談者がよく訪れるカフェでもあります。

「そぉれ deおしゃべりカフェ」には特にプログラムはありません。その名の通りおしゃべりを楽しむだけ。

カフェには、グループホームからも参加者があります。そんなみなさんは、さすが大阪人。昔の上品な上方漫才を聞くようなそのトークは、聞いているだけで心がほっこりします。

かつては病院でソーシャルワーカーをしていた大久保さんは「多くの人は必要に迫られてからしか介護や認知症について考える機会がないんですよね」とつぶやきます。大久保さんのカフェがこれだけオープンであるのは、きっと「考える機会」を提供したいという思いもあるのでしょう。

私たちの暮らしのすぐそばで、ケアとの出会いのポイントとして、「そぉれ deおしゃべりカフェ」は、誰に対しても開かれています。

ワンポイント

「オープンorクローズ」

開放的なカフェと隠れ家的なカフェはどちらがいいのか。それぞれ一長一短があり、正解はないのかもしれません。「そぉれdeおしゃべりカフェ」は究極の開放型ですが、一方で開催場所の前庭はやや奥まっており、おもてから見えすぎない絶妙な距離があることも付記しておきます。オープンマインドと合理的配慮が巧みにバランスをとっているのです。

そぉれ deおしゃべりカフェ

開 催 日：第3日曜
開催時間：13時～15時（雨天中止）
開催場所：大阪府枚方市
長尾元町7-36-1
グループホームそぉれ
問合わせ：072-864-5788

「特化」する

11

地域公共サービス系カフェ

ひだまりカフェ・ロックガーデン

〔埼玉県・飯能市〕

山奥の孤立集落にアウトリーチするカフェ

ポツンと一軒家カフェでランチ会

渓谷の支流に沿って小さな集落が点在する西吾野地区は、埼玉県飯能市でもとりわけ山深いエリア。

この山道の先に集落がある

そんな西吾野にある喫茶店「ロックガーデンカフェ」では、2015年から月2回の認知症カフェが行われています。

開催日には、いつも12時を目安に地域の人たちが集まってきます。少し前までは杖をつきながら山道を歩いてきたみなさんですが、最近はカフェオーナーの小瀬哲子（こせせつこ）さんがボランティアで送迎するようになりました。

参加者は、席に着くとまずランチを注文します。ほとんどが柔らかいパンで作られた特製サンドイッチのセットを選びますが、このとき一緒に晩ごはん用の持ち帰りメニューとして名物のカレーパンなどを頼む人もいます。

食事をしながらの世間話はとても盛り上がります。なぜなら、みなさん子どもの頃からの幼なじみで、思い出話だけでも何十年分ものストックがあるから。

カフェ開設当初は、介護予防を目的とした体操教室も併催されていま

談笑する参加者と包括職員・高橋さん（中央）

「ロックガーデンカフェ」の看板

参加者が飼い犬を連れてくることも

かわいい一輪ざし

したが、参加者の評判がいまひとつで取りやめとなり、いまではすっかりランチとおしゃべりのカフェになっています。

　市の中心部から20㎞の道のりをやって来る地域包括支援センターの高橋正代さんは、みなさんの会話に加わりながら、それぞれの体調や生活の変化などについてさりげなく様子をうかがっています。

山間地に孤立する人々を勇気づける

　山間地の日は短く、参加者は太陽が陰る前に家路につきます。

　みなさんがまだ歩いてカフェに来ていた頃、帰り道を同行させてもらったことがありますが、渓谷沿いの国道からまっすぐ伸びる上り坂は驚くほど急峻で、苔むした祠や石碑を横目にひたすら歩くとようやく人家が現れました。

　平家の落ち武者が隠れ住んだという伝承もあるその集落は、山の北斜面にできたわずかな平地に住居と畑をつくり、自給自足に近い暮らしを続けてきたそうです。

　その脇を流れる高麗川の支流は、いまではまるで小川のようですが、昔は石で堰き止めると天然のプールのように泳ぐことができたほど豊かな水量だったといいます。

　私たちの暮らしが化石燃料に頼る以前は、森林資源と清らかな水が手に入る山間地での生活にはメリットもありました。しかし時代の逆風にさらされ、過疎と高齢化が進んだいま、集落は消滅の瀬戸際にあります。

　国土の多くが山と森である日本において、このような故郷をもつ人々をどのようにケアしていくかは現在進行形の重要なテーマです。

　「ひだまりカフェ・ロックガーデン」の挑戦は、全国から注目される1つのモデルとなることでしょう。

庭先のテラスでもカフェを楽しめる

柔らかいパンの特製サンドイッチ

午後もおしゃべりは続く

ひだまりカフェ・ロックガーデン

開催日：第1・第3水曜
開催時間：11時～15時30分
開催場所：埼玉県飯能市吾野493-1
　　　　　ロックガーデンカフェ
問合わせ：042-975-3011
（飯能市地域包括支援センターはちまん町）

ワンポイント

「誰ひとり取り残さない」

　市の中心部から20㎞離れた場所で「ひだまりカフェ・ロックガーデン」を開催するため、包括職員の高橋さんはその道すがらにいくつか立ち寄り先をつくり、無駄なく往復できるよう工夫をしています。誰ひとり取り残さないという担当者としての信念と、それを実現するアイデアが、日本の福祉の現場を支えています。

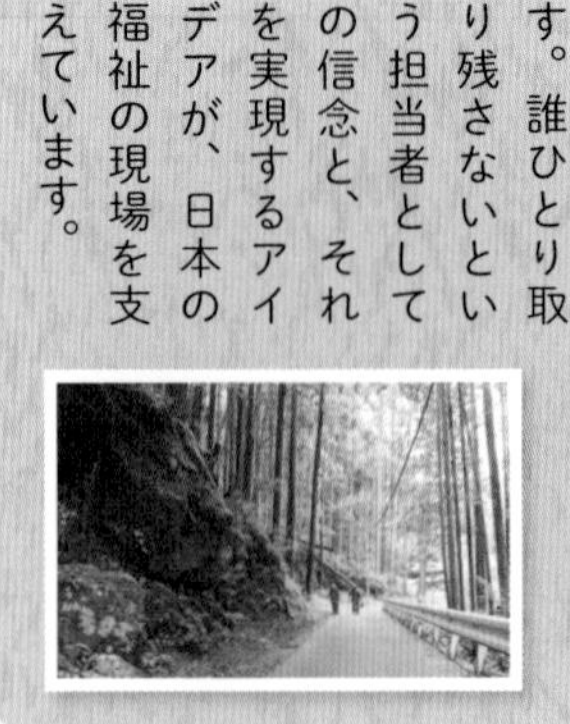

「拡散」する 12 地域公共サービス系カフェ

さくらカフェ

〔高知県・高知市〕

「ゴミ屋敷」だった民家がカフェに大変身

「ゴミ屋敷」という過去

「さくらカフェ」が行われているのは、太平洋を望む高知市・長浜地区。坂本龍馬像が建つ名勝・桂浜の近くといえばイメージしやすいでしょうか。

会場となるのは「お遍路ハウス33」という女性向けゲストハウス。四国八十八ヶ所霊場・33番札所「雪蹊寺」に近いことからその名前になりました。

すっかりきれいにリノベーションされた室内

ご覧の通り、元は普通の一軒家。ここはかつて、ゲストハウスオーナー・小桜典子さんの義母・右亀子さんが1人で暮らしていました。

右亀子さんは2014年頃から認知症の気配が強まり、徐々に片付けが苦手になっていきました。そしていつしか家は足の踏み場もないような、いわゆる「ゴミ屋敷」になり、ボヤ騒ぎが起きるなど深刻化し始めます。

意を決した典子さんは、病院の受診、認知症の診断、介護保険の申請、ケア付き施設への転居、そして家の清掃・リフォームまで、家族の了解を取りながら一気呵成に進めていきました。

典子さんは雪蹊寺に近いこの家を、お遍路さんに「お接待」できる場にしたいと当初から考えていたそうです。

そのアイデアは、典子さんがお気に入りにしていた市内のカフェなどを手がける建築デザイナーとの出会いによって加速します。

こうして一度は「ゴミ屋敷」にまでなってしまった家は、おしゃれで清潔感のある和風ゲストハウスとしてよみがえりました。

「33」という看板が目印

カフェでは毎回違うイベントが行われる

笑顔で迎えたハッピーエンド

リノベーションされた家を見て、典子さんはたまたま新聞記事で読んだ認知症カフェという取り組みに使えるのではないかと思いついたそうです。

右亀子さんのケアマネジャーを通じて行政に相談したところ、まさに市も長浜地区で認知症カフェを開催できる場所を探していたところでした。

そこからはトントン拍子に話が進み、地域の介護施設や専門職の協力を得て、あっという間に第1回の「さくらカフェ」開催までたどり着きます。

「さくらカフェ」は、長浜地区にある複数の介護事業所が共同して運営します。前後半に分かれる2部制となっており、前半の介護予防プログラムは当番の担当者によって回想法や笑いヨガ、音楽療法などさまざま。もち回りにすることでマンネリ化せず、各事業所にとっても負担の軽減になっているそうです。

カフェの後半は茶話会となり、ホットプレートでどら焼きを手作りするなどの趣向が凝らされることもあります。

「さくらカフェ」が行われる毎月第2水曜は、右亀子さんの帰宅日にもなっていました（現在は参加されていません）。

施設入所後、手厚いケアを受けた右亀子さんは、落ち着きを取り戻すことができたそうです。また、そんな右亀子さんと会えることを楽しみにして、ご近所さんたちもやってきていました。

かつて「ゴミ屋敷」となった家が、いまではたくさんの笑顔が花咲く場所になりました。それはまるでおとぎばなしの幸せな結末のよう。

認知症カフェが認知症の疾病観を変えていくということは、こんな奇跡をいくつも積み重ねていくことなのでしょう。

「お遍路ハウス 33」外観

みんなでたこ焼きを作ったことも

ワンポイント

「伝統文化」

「さくらカフェ」が、お遍路さんへの「お接待」というボランティア文化の文脈を取り入れているように、伝統文化を媒介として地域に認知症の理解を広げる試みは大いに可能性があります。大阪府泉大津市では、町会がまるごとサポーターとなり、オレンジリングをつけてだんじりを曳く「だんじり認知症サポーター」という取り組みも行われています。

さくらカフェ

開催日：第2水曜
開催時間：13時30分～15時30分
開催場所：高知県高知市長浜4719-1
お遍路ハウス33
参加費：100円
問合わせ：090-2825-3387
（お遍路ハウス33）

上品な暮らしの名残がある「ギャラリーカフェ・ミュゲ」

オレンジカフェ 逆瀬川

（兵庫県・宝塚市）

静穏が守られる四季の庭

街で人気のギャラリーカフェ

文化の薫り高い阪急今津線・逆瀬川駅。

ビルやマンションが建ち並ぶ駅前から路地を1つ入ったところに、昭和の面影を残す門構えのカフェレストランが現れます。

「ギャラリーカフェ・ミュゲ」は、若き店長・吉野友佳子さんが祖母の居宅をリノベーションしたお店。往事の上品な暮らしぶりがわかるインテリアと、健康的で季節感のあるランチが評判となり、連日女性客を中心に満席となります。

そんな人気店の定休日を利用して「オレンジカフェ逆瀬川」は行われています。

「オレンジカフェ逆瀬川」は、宝塚市の福祉公社で仕事をしてきた西野マリさんが吉野さんにアイデアを相談して始まりました。

もともと「ミュゲ」の常連だったという西野さんは、「こんな雰囲気のいい場所で認知症カフェができたら素敵やないですか」といいます。

その趣旨に賛同した吉野さんは、場所を提供するだけでなく、コーヒーや菓子類を用意する厨房スタッフとして手伝うようになりました。

「オレンジカフェ逆瀬川」は、午前10時30分から15時までの長い開催時間が特徴です。そのなかで、いつ来ることも、いつ帰ることもできます。いつでも話ができる相手がいて、1人の時間も邪魔されない、そんな普通の雰囲気を大事にします。

天気に恵まれれば、庭で過ごす時間は格別です。

季節の草花が楽しめる庭の奥には藤棚があり、その木陰は秘密のテラス席のようにもなっています。

庭の奥にある藤棚

かわいいコーヒーセット

オレンジカフェ開催日の玄関前

静穏な場を守るための工夫

「オレンジカフェ逆瀬川」では、初回参加者に対しカフェの理念や注意事項を説明する席を設けます。

その、いわゆるオリエンテーションにおいて、スタッフは日常生活動作の介助は行わないことや、特定の商品・食べ物などの紹介をしないなど、カフェのポリシーを示し、参加者の了解を得ます。

これはカフェの静穏を守るための仕組みです。

これからの認知症カフェには、ビジネスなどさまざまな目的の参加者が増えることも予想されます。いつか他のカフェでも、このような仕組みを検討しなければならないときがくるかもしれません。

参加者と話をする西野さん

かつて「オレンジカフェ逆瀬川」は予約制でした。

誰でも立ち寄れるカフェという理想と、その静穏を守るための予約制という現実の間で、西野さんは悩むこともあったそうです。認知症カフェという取り組みは、このような同時に解決できないジレンマを抱えることがあります。

しかし、悩むのは誠実に場所づくりと向き合っている証拠です。その誠実さこそ、カフェがどのようなかたちになろうとも最も大事にすべきことだと思います。

ワンポイント

「オリエンテーション」

「オレンジカフェ逆瀬川」では、初回参加者にカフェの趣旨を説明します。自分たちのポリシーとして、特定の治療や商品を勧めないと約束しますが、これは言外に参加者にも同様の振る舞いを求めています。このオリエンテーションを経ることでカフェは最低限の考えを共有する場になります。誰でも参加できる場所だからこそ必要な取り組みかもしれません。

オレンジカフェ逆瀬川

開催日：第1日曜
開催時間：10時30分～15時
開催場所：兵庫県宝塚市逆瀬川1-8-5
ギャラリーカフェ・ミュゲ
問合わせ：090-1027-2741
（西野マリさん）

ギャラリー、ホールなどがある広い1階

as a cafe

（熊本県・熊本市）

地域とともに試練を乗り越える希望の方舟

空前の認知症カフェ専用施設

熊本市東区山ノ内の丘の上に建つ「as a cafe」は、豊かな高齢社会を熊本からつくっていくという志のもと、1階にギャラリー、ホール、書庫、2階に子ども用スペースやリビングを備えた常設の認知症カフェ専用施設として新築されました。

プロデューサーとして「as a cafe」のコンセプトを手がけたのは、

NPO法人「あやの里」副代表の岡元ナオさん。

岡元さんは2012年頃に認知症カフェという言葉と出会い、独学で構想を練り上げていきました。建物のデザインを担当したアーティストのマンジョット・ベティさんとも、大いに議論を重ねたそうです。

2015年3月、三角の屋根がシンボルの「as a cafe」は落成の日を迎えます。

すぐに、家族会や、救命講習会、臨床美術のイベントなどで使用されるようになり、子どもから高齢者まで地域の人たちが集まる場所になっていきました。

365日オープンしている「as a cafe」は、常設性という点でコミュニティカフェ的ですが、飲食の提供を主軸にはしていないため、本書では「地域公共サービス系」に分類しました。ただし、主体・対象・事業は他に類を見ないほど「拡散」しており、どのカテゴリーにも収まりにくいカフェといえるでしょう。

2017年春の「あや祭り」の様子

熊本地震の試練が生んだ地域の絆

2016年4月、熊本県を最大震度7の大地震が襲いました。

震源に近かった「as a cafe」の周辺では、多くの家屋や建物が損壊し、被災した人々は学校の体育館などへの避難を余儀なくされました。

しかし、そこで問題となったのが、自宅で暮らしていた認知症のある人たちの居場所でした。

相次ぐ余震などでストレスのかかるなか、他の避難者の迷惑になることを恐れた多くの当事者家族は、避難所に入らず車の中で過ごすことなどを選びました。

「あや祭り」であいさつする岡元ナオさん

そんな事態を知った岡元さんは、幸いほぼ無傷だった「as a cafe」に、そうした人たちを受け入れると決めました。もともと丘の上に建つ「as a cafe」は、水害に際して避難場所になることも想定しており、迅速な対応が可能だったそうです。

　こうして「as a cafe」では、余震が収まる5月下旬まで、認知症のある人たちを含め50名ほどが避難しました。行政が定める公式の避難所ではなかったため、水や食料の苦労もありましたが、全国各地から支援物資が届き、乗り越えられたそうです。「福祉避難所は日頃から地域はもちろん幅広いつながりが大切だということがよくわかりました」と岡亢さんは語ります。

　震災後の最も大変だった時期をともに乗り越えた人々は、「as a cafe」に特別な思い入れをもつようになりました。なかには、その後ボランティアとして庭の清掃などを手伝うようになった人もいるそうです。

　熊本の人々にとって、震災はいまなお続く試練です。だからこそ、このとき生まれた深い絆は、かけがえのない財産となって受け継がれています。

地域のみなさんによるコーラスが披露された

ワンポイント

「絆」

　1995年の阪神・淡路大震災や、2011年の東日本大震災など、未曾有の災害が相次いだ平成という時代。それは被災地での支援活動からボランティアという文化が生まれ、定着した時代でもありました。「絆」とは、まさにそんな時代を象徴する言葉です。認知症カフェの登場にもつながる、平成最大のレガシーといえるでしょう。

as a cafe

開催日：毎日
開催時間：9時～17時
開催場所：熊本県熊本市東区山ノ内2-1-14
問合わせ：096-360-3511

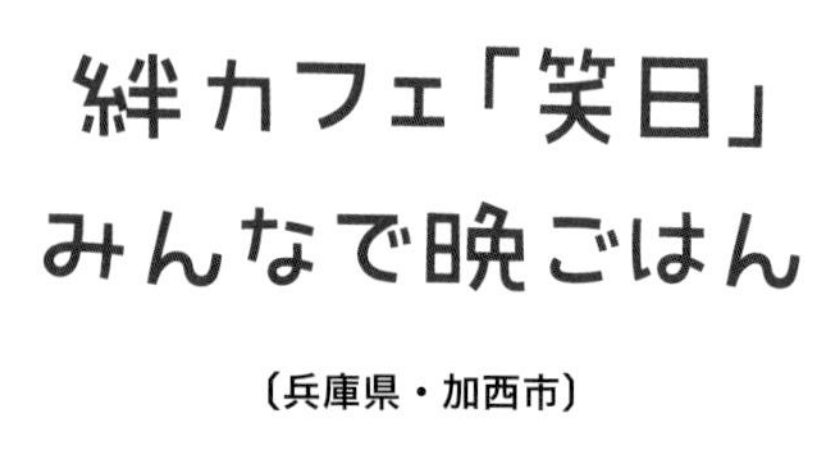

絆カフェ「笑日」みんなで晩ごはん

（兵庫県・加西市）

ニーズを見極めることの大切さ

はじめはうまくいかなかったカフェ

どんなカフェも、はじめからうまくいくケースばかりではありません。兵庫県加西市の「絆カフェ『笑日』みんなで晩ごはん」は、途中から運営方法を大胆に変えて復活したカフェの一例です。

始まりは、多くのカフェがそうであるように、行政からの開設打診が

時間帯によっては 40 人以上集まり賑やかに

きっかけでした。助成金も出るというので自治会が引き受け、毎月1回、平日の昼に開催するカフェとしてスタートします。

　しかし当初から参加者数が伸び悩み、やがて地域の人たちから継続に疑問の声が上がります。

　うまくいかなかった理由としては、先行して行われていた地域サロンとの違いが不明確だったこと、住民主体の取り組みという位置づけだったため専門職がリードできなかったこと、そして認知症という言葉を忌避したい住民感情があったこと、などが考えられるそうです。

　あらためて、専門職を含む地域のみなさんが、カフェを通じて解決すべき地域の課題は何か、という方向性で考えなおしました。

　そして議論の結果、それは「食事」であるという結論になります。特に、高齢者や単身男性の食事は、栄養的にも楽しみとしても物足りない現状が判明したそうです。

　そこでカフェを、昼の開催から夜の開催へ、そして地域住民のみんなで晩ごはんをともにするカフェへと大転換したのです。

その土地ならではのニーズ

　この転換は地域の事情にもかなうものでした。

　農林業が盛んな加西市若井町では、70歳を過ぎても山や畑で仕事をしている人が多く、昼に作業服のまま参加しにくいという人たちもいたのだそうです。

　こうして地域性にかなうかたちになった「絆カフェ『笑日』みんなで晩ごはん」は地域に根付いてきました。

　カフェの日は、地域の女性たちが公民館の大きな厨房で調理を行います。なかには認知症のある人も手伝っていますが、包丁さばきなどは見事なもの。たまにうっかり料理を焦がしてしまうこともあるといいま

空き家となった家をレンタルスペースにしている

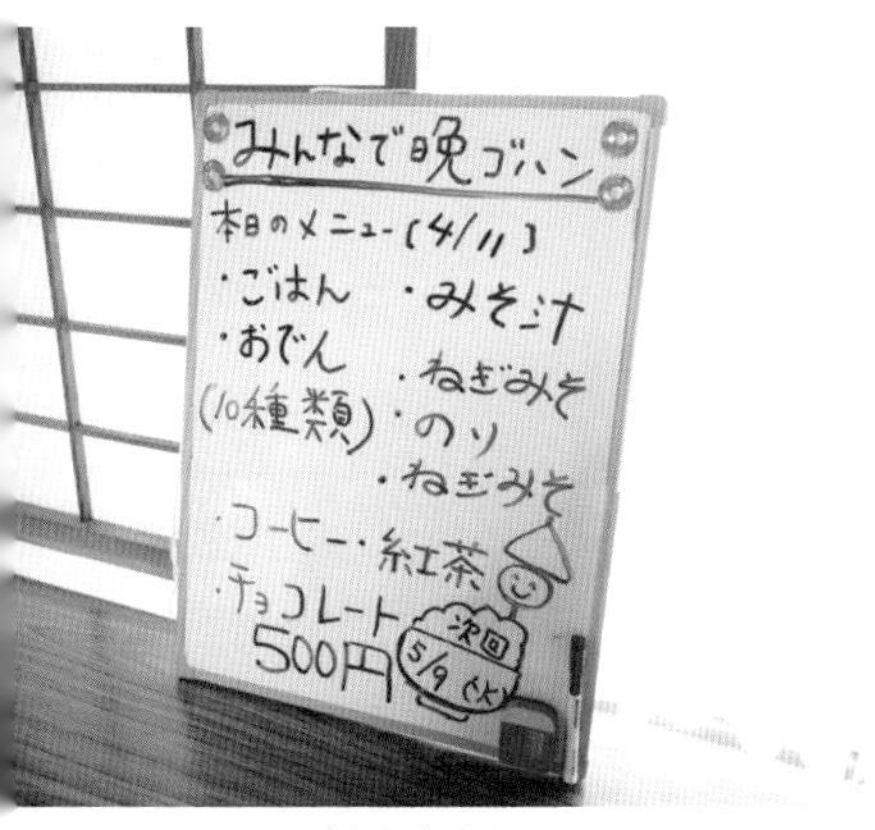

メニューが書き出される

公民館での調理の様子

すが、「ま、いいか」とそのまま出していそうです。

カフェは18時からですが、はじめから来ている人は少数で、ほとんどはあとから三々五々やってきます。

19時過ぎが最も人数の多い時間帯。30から40人ほどの老若男女が楽しく食事とお酒をともにします。そこにも認知症のある人はいますが、いい意味で何も特別扱いされません。

夜が更けると年長者らは帰宅し、若者たちだけの時間になります。

介護・医療職の人たちや、地域おこし協力隊の任を受けてこの地に暮らすメンバーらが、酒を酌み交わし、ときに熱い思いをぶつけ合ったり、親睦を深めたりする機会になっています。

その土地ならではのニーズをつかむことで、カフェはより良いものにすることができます。「絆カフェ『笑日』みんなで晩ごはん」の逆転劇は、他の悩めるカフェにとってもヒントとなることでしょう。

料理は自由にとれるビュッフェ方式

以前の会場「いまココ HOUSE」外観

ワンポイント

ニーズをつかむ

カフェがうまくいっていないときは、地域のニーズをつかみきれていないのかもしれません。「絆カフェ『笑日』みんなで晩ごはん」では、粘り強く話し合いながらニーズの洗い出しを行い、昼から夜への開催時間の変更を行いました。カフェを変えることは、新たに始めることより大変です。本書で紹介する実例を参考に話し合ってみてください。

絆カフェ「笑日」みんなで晩ごはん

開催日：第2火曜
開催時間：18時～20時ごろ
開催場所：兵庫県加西市若井町2764
下若井町公民館
参加費：500円
問合わせ：0790-44-8010
（小規模多機能型居宅介護事業所
どっこいしょ 担当：小椋）

最後にみんなで「前へ！」と拳を上げる

くらしの教室

（東京都・三鷹市）

本人の声に耳を傾けるための学びのカフェ

学びに特化する「くらしの教室」

東京都三鷹市にある「のぞみメモリークリニック」では、「くらしの教室」という勉強会型のカフェが行われています。

会場となるロビーは、病院らしからぬカフェ風のつくり。席の配置や植栽によって巧みに物陰がつくられているため、明るい室内でも落ち着いた雰囲気が保たれます。

　定刻になるとのぞみメモリークリニックの看護師・水谷佳子さんが登場。医師に交じって学会にも登壇するという水谷さんが、そこから約1時間、スクリーンに画像を映しながら講義を行います。

　水谷さんの講義のオリジナリティは、高次脳機能障害の説明で用いられる注意障害といった概念で認知症を説明すること。

　そして医学・心理学的な説明だけでなく、そこに「人ごみのなかで誰かの話を聞くのが難しい」や、「マグカップの飲み物をこぼさずに階段を下りることができなくなった」など、認知症のある人たちの「肉声」を結びつけることです。

　聞きなじみのない用語や「肉声」を紹介するのは、紋切り型の話で聞き手をわかったつもりにさせない工夫でしょう。

　認知症のイメージを変えていこうという水谷さんの思いが伝わってきます。

当事者の思いや人生を追体験する

　のぞみメモリークリニックでは「くらしの教室」とは別の日に、「くらしの研究会」という集まりが行われています。

　「くらしの研究会」は認知症のある人だけが参加する、いわゆる本人会議型の集まりです。肩肘張らないリラックスした雰囲気のなかで、それぞれの不安や悩み、あるいは生活上の工夫などを話し合っているそうです。

　そして水谷さんが講義で紹介する当事者エピソードは、この「くらしの研究会」で話されたエピソードが中心になっています。

　この2つの集まりが表裏一体となっているところこそ、のぞみメモ

「のぞみメモリークリニック」院長の木之下先生

スーパーナース・水谷さん

リークリニックの取り組みの特徴です。本人同士の話し合いに参加できなくても、認知症のある人の生活をイメージし、その思いを共有できるよう考えられています。

認知症カフェと本人会議型の集まりの似たような関係は、仙台市の「土曜の音楽カフェ♪」と「おれんじドア」、町田市の「Dカフェ」と「まちの保健室」などにも見ることができます。

その関係性はそれぞれ少しずつ異なりますが、「ダブルカフェ」と名付けてモデル化することができれば、認知症のある本人や家族が参加していないカフェでも学べることが大きく広がるはずです。

日本を代表する認知症専門医である木之下徹先生や繁田雅弘先生が所属するのぞみメモリークリニックは、医療分野にとどまらない創造的な認知症ケアのアプローチを示し続けるスペシャルチームといって間違いありません。

水谷さんによる講座の様子

カフェ終了後、いつものみなさんで集合写真

「当事者の声」

のぞみメモリークリニックの看護師・水谷佳子さんは「くらしの研究会」などで繰り広げられる当事者の肉声を、誰でも見られるかたちでウェブ上に公開しています。認知症のある人たちの飾り気のない会話劇は、認知症を戯画化せず、等身大を伝えることができるノンフィクションです。ぜひ多くの人にそのリアリティに触れてほしいと思います。

ワンポイント

くらしの教室

開催日：2〜3か月ごとの日曜
開催時間：13時〜15時
開催場所：東京都三鷹市下連雀4-2-8
のぞみメモリークリニック
参加費：無料
問合わせ：0422-70-3880
（のぞみメモリークリニック）

「地域公共サービス系」カフェ

コスガ　まずは「土橋カフェ」です。認知症のある人も、ない人も、自由に参加できる「地域公共サービス系」の代表的カフェです。

武地　ここは自治会主催で、まさにこの通りだと思いますが、地域包括支援センターの方もコーディネーター的に関わっていますね。

コスガ　担当の地域包括はとても活発なところで、土橋カフェの他にもたくさんのカフェを開催しています。

武地　高橋正彦先生が勉強会を行ったのもその通りですが、ほぼ毎回参加もされているでしょう。

コスガ　はい。普段着で、なるべく目立たないよう参加されています。たまたま隣に座った人が医師だった、という存在感がちょうど良いと考えていらっしゃるそうです。続いては、屋外で開催する青空カフェ「そぉれdeおしゃべりカフェ」です。土橋カフェとは対照的に、プログラムのない、おしゃべりに「特化」したカフェです。3回参加しましたが、いつも新規の相談者がいて、会場となっているグループホームへの入居を決めるという場面に立ち会ったこともあります。カフェをオープンに開催するPR効果は大きいと感じました。

武地　ここはミニデイサービス的でも介護予防的でもありませんね。

コスガ　専門職がサービスを提供するという点で「地域公共サービス系」かと思います。そういう意味では次の「ひだまりカフェ・ロックガーデン」も、同様に専門職である地域包括

職員が主催者となります。

武地　カフェオーナーは地元の人ですが、包括が主催なのですね。

コスガ　はい、包括職員は市の中心部から車で40分ほどかけてやってきます。これ以外に見守りの仕組みがないという過疎の地域で、カフェにできる1つの社会的包摂のかたちだと思います。次の「**さくらカフェ**」はリノベーションした個人宅を会場に行われるカフェです。

武地　こちらは介護予防型ですかね。でも毎回違うプログラムが行われるなら土橋カフェと同じ「拡散」するカフェでしょうか。

コスガ　次の「**オレンジカフェ逆瀬川**」が、まさに会話に「特化」するカフェなので、それと比較すると「拡散」で間違いないと思います。

武地　どちらも素敵なカフェですね。

コスガ　関西には予約制の認知症カフェが多いと感じます。おそらく「オレンジカフェ逆瀬川」のように「オレンジカフェコモンズ」に習ったのだと思います。それはもしかしたら非常に表面的な模倣なのかもしれませんが。

武地　土橋カフェのように、地域の人が来て、この

人はどういう人かとわかっているところであれば予約はいらないでしょう。キャパシティの問題や、来たけれども「違った」ということにならないよう、一度電話するというのはあってもいいかなと思います。

コスガ　続きましては「地域公共サービス系」で常設型という変化球「as a cafe」です。ギャラリー、ホールなどを備え、さまざまな用途で使用される、まさに「拡散」するカフェです。

武地　こちらは震災のときに避難所になったそうですが、偶然ではなかったということですか。

コスガ　もともと水害を想定して地域の避難所にもなるよう設計されていたそうです。あらゆる意味で破格の認知症カフェといえます。
次は、食事に「特化」した「絆カフェ『笑日』みんなで晩ごはん」です。地域のニーズを正しく汲むとうまくいくという事例です。

武地　農林業の盛んな地域で、夜に集まってということですね。

コスガ　昼から夜に時間を変えたら、40から50人集まるようになりました。それほど人口の多い地域ではないので、すごい数字だと思います。

そして「くらしの教室」です。こちらはクリニックで開催される集まりです。

武地　これは「地域公共サービス系」でいいのですか。

コスガ　クリニックの患者さんである本人や家族、地域の人たちが参加していますが、運営は医師の木之下徹先生ら専門職がリードしているので当事者会型とはいえませんし、常設性とも違うのでいいと思います。

武地　当事者や専門職が必要性を感じてやっているカフェもあれば、オレンジプランで決まったからやらされているというところもあるでしょう。その辺の温度差をどうカテゴライズするか、今後の日本の認知症カフェにとって大事なことかもしれません。

コスガ　はい。分け方に価値観が入らないよう、できるだけ外形的な、誰が、どこでやっている、というような条件でうまくカテゴリーをつくれるといいと思います。

武地　この「地域公共サービス系」には、多分、寝たきり老人ゼロ作戦に始まる介護予防型ではないものも、いろいろ詰まっていると思いますね。

〈対談④に続く〉

コッシーのひみつ大公開

誕生日	2018年8月17日
性　別	男の子
身　長	39.0cm
体　重	208g
性　格	好奇心旺盛だけど照れ屋
好　物	豆大福(こしあん派)
特　技	その土地の方言をしゃべること

3「オープンコミュニケーション系」カフェ

「オープンコミュニケーション系」カフェは、主にコミュニティカフェをイメージの源流とする認知症カフェです。「常設性」「公開性」「事業性」というコミュニティカフェの特徴は、この類型のカフェに色濃く引き継がれています。主催者の属性はさまざまである一方、飲食店オーナーなど開催場所の責任者が運営にも関与しているケースが多いようです。もともと他の類型よりも主体・対象・事業は「拡散」傾向にありますが、さらに「ごちゃまぜ」といったキーワードを掲げてその方向に拍車をかける取り組みが、北陸地方を中心に全国に見られます。

一方、「特化」する場合は、認知症というテーマをあえて前面に出さず、一般店舗と変わらない場所のようになっていこうとする傾向があるようです。

もちろんモーニングには「あんこトースト」が

家族介護者支援センター

てとりんハウス

（愛知県・春日井市）

てとりんで朝食を

モーニングを始めた認知症カフェ

認知症カフェに携わる人たちは、常設型のカフェを1つの理想として語ります。「いつでも、誰でも来られる場所」「駆け込み寺」をつくりたい、という共通した思いがそこにはあるようです。

しかし、常設型は人手やコストなど経営上の課題が多く、簡単にできることではありません。

そんな高い壁に挑んだのが愛知県春日井市の「てとりんハウス」です。2014年のオープン以来、数少ない定休日と年末年始を除き、毎日営業を続けてきました。

その経営上の切り札は、なんとモーニングサービス。

「てとりんハウス」は、毎日7時30分から朝の営業を行う全国でもまれな認知症カフェなのです。

「ナゴヤですから、モーニングをやらないと誰も来てくれないんですよ」とNPO法人「てとりん」代表理事の岩月万季代さんは冗談っぽく笑います。

しかし、朝こそ誰かと話をしたいという切実な希望があることを、自身も介護経験者である岩月さんはよくわかっていました。なぜなら、家族介護の問題の多くは夜間に起きるから。これもまた、カフェが的確にニーズをつかんでいる実例といえるでしょう。

さらに、経営面で注目すべきは「てとりんハウス」がスタッフにきちんと対価を払うカフェであるということ。営業の根幹部分を常勤スタッフが担い、それを多くの無償ボランティアが支えています。

もし全国のさまざまなカフェから1つだけMVC（Most Valuable Cafe）を選ぶなら、「てとりんハウス」は最有力でしょう。それは存続しているだけでも価値あるカフェなのです。

さまざまな人数に対応できる各テーブル

お客さんと談笑する岩月さん

厨房の様子も覗くことができる

「拡散」するカフェは、ついにデイサービスまで

「てとりんハウス」は、モーニングとランチの営業を行いながら、さまざまなイベント会場としても使われています。

1か月のスケジュールを見ると、医療・介護の専門職による勉強会の他、アロマ、絵手紙、フラワーアレンジメントなどの各種教室、歌声喫茶、郷土史のセミナーなど、多種多様な催しが毎日のように行われます。

これらのイベントの多くは、常連客のみなさんから提案があって始まるそうです。このようにカフェの主体・対象・事業が次第に複雑化する傾向は、まさに「拡散」するカフェの特徴です。

「てとりんハウス」は、もともと家庭で介護にあたっていた女性たちのサークル活動が出発点です。看護師だった岩月さんを中心とする小さな家族の会が発展し、常設の拠点をもつまでになりました。

そして2016年、岩月さんらはデイサービス事業に乗り出しました。インフォーマルサービスから介護保険サービスへ展開するという前例のない挑戦です。

「てとりんハウス」は、介護者・当事者支援というミッションを成し遂げるため、誰も歩んだことのない道を進み続けています。

「てとりんハウス」外観

常連の団体客も多い

家族介護者支援センター
てとりんハウス

開催日：火～日曜
【定休日：月曜、第2・第4日曜（第3土曜は家族介護者のつどいのみ営業）】
開催時間：7時30分～16時
開催場所：愛知県春日井市篠木町2-1281-1
レガーロ・シノギ１階
問合わせ：0568-41-8844

ワンポイント

「ライフスタイル」

モーニングサービスとケアラー支援を結びつけたのは「てとりんハウス」の卓見でした。名古屋圏のモーニング文化といえば、その豪華さが有名ですが、毎朝なじみの喫茶店に地域の人々が集まるというライフスタイルこそ注目されるべきでしょう。それはまさに日本版サードプレイス。あらゆるカフェ的取り組みのヒントがそこにあるはずです。

誰が認知症かなんて
誰も気にしない

「特化」する
18
オープンコミュニケーション系カフェ

すももカフェ

〔千葉県・船橋市〕

認知症のある人がいる風景をつくる

「認知症」をあえて強調しないカフェ

最近、認知症のある人が働くというカフェやレストランが全国各地に登場していますが、2015年12月に始まった船橋市の「すももカフェ」は、そうした先駆けといえるでしょう。

かつて理容室だったという旧・会場

「すももカフェ」は介護事業を手がける会社が自施設で行う認知症カフェです。会場となるのは、かつて理容室だった店舗を改装した「デイサービスすももの樹」。大きな窓から午後の日差しが差し込む明るい室内で、エプロンをつけた女性たちがお客さんを笑顔で出迎えます。

女性たちは店内を軽やかに歩き回ります。注文を聞き、ケーキセットを運び、食べ終わったお皿を片付け、バックヤードでそのお皿を洗います。

一方、ちょっと客足が途切れると、お客さんの隣で世間話に加わったり、自分たちもケーキセットで一服したり、時間に急かされることなくゆったりと過ごします。

ホールスタッフの女性たちは、すぐ近くのグループホームで暮らしています。みなさん認知症の診断を受けていますが、カフェでは誰もそんなことを気にしていません。

「すももカフェ」は認知症のある人が活躍するカフェですが、あえて「認知症」をテーマとして強調しません。大事なのは認知症を特別視することではなく、認知症のある人がいる風景を自然なものにしていくことだからです。

シフォンケーキとコーヒーのセット

地域の情報が集まる場所

「すももカフェ」は、地域住民の参加が多いカフェです。

カフェが始まった当初は、宣伝のためにチラシやハガキを活用していたそうですが、すぐにその必要もなくなりました。

集客に一役買ったのは、金杉台団

地の熱心な民生委員のみなさんでした。

月に一度の「すももカフェ」は、いつしか団地周辺を担当する民生委員の集まる機会になり、それぞれが気になる住民を誘ってくる場所になりました。カフェと福祉がうまくつながった事例といえるでしょう。

他にも行政、地域包括支援センター、地域の専門職のみなさんが出入りします。「すももカフェ」は、地域包括ケアの結び目となっているのです。

これもひとえに「看板娘」のみなさんが、居心地の良い店づくりをしてきたからに他なりません。

「たまたま人と接するのを得意とする方が入居していたので今のカフェになりました。違うことが得意な人であれば、それに合わせたかたちを目指したでしょう」と、女性たちが暮らすグループホームを運営する株式会社コンフォートケア代表取締役の形山昌樹さんはいいます。

実は、本書に掲載した「すももカフェ」の様子は、2017年以前のものです。現在は形山さんが新たに起業したベーカリーカフェ「カフェ・ド・ステラ」が会場となり、常設型としての特徴がより明確になっています。

あえて過去のスタイルを紹介したのは、多くの介護事業者にとってはそのほうが参考にしやすいと考えたため。ぜひ読者のみなさんには現在の「すももカフェ」に来て、その進化の様子を感じていただければと思います。

みなさんがお住まいのグループホーム前にて

ワンポイント

「役に立ちたい」

認知症があっても働きたいという声は、当事者のみなさんの切実な願いです。経済的自立のみならず、社会の役に立つということは生きる自信にもつながります。そのために「すももカフェ」や宇都宮市「オレンジサロン 石蔵カフェ」のように、認知症のある人たちのいきいきとした姿を社会に向け発信していくことは大変意義のあることといえます。

すももカフェ

開催日：第4月曜
開催時間：13時〜16時
開催場所：千葉県船橋市
金杉台1-1-5
カフェ・ド・ステラ
問合わせ：047-440-5767

コッシーのカフェ散歩

「拡散」する 19 オープンコミュニケーション系カフェ

みやの森カフェ

（富山県・砺波市）

居場所の神髄は「ごちゃまぜ」にあり

伝統的農村風景と一軒家カフェ

田園地帯に点在する日本家屋と屋敷林が独特の風景を織りなす富山県砺波市。

まさにその散居村の一隅にあるのが「みやの森カフェ」です。

カフェのオーナーは加藤愛理子さん。２０１４年、自宅の庭に一軒家を建て、カフェの営業を始めました。

オープン以来、地元産の野菜を使った手作りランチや、オリジナルケーキなどが人気となり、多くの人

認知症カフェで臨床美術が行われる様子

が訪れるようになりました。

　飲食を提供し、制作物販売のレンタルボックスがあるなど、まさにコミュニティカフェといった「みやの森カフェ」ですが、最大の特徴は学齢期の子どもたちのサポートに力を入れていること。

　加藤さんは特別支援教育やフリースクールに携わってきた元教員です。一般社団法人「Ponteとやま」をともに立ち上げた水野カオルさんと、いわゆる発達障害傾向のある子どもたちへの学習支援やさまざまな体験イベントを開催しています。

　そして「みやの森カフェ」では、現在学校に通っていない子どもたちに接客や調理の仕事をする機会を提供しています。キッチンでフライパンを振ったり、洗い物をしたり、ラテアートに挑戦したり、子どもたちは学校では得られない体験をしています。

究極の居場所「ごちゃまぜ」

加藤さんが「みやの森カフェ」について語るとき、必ず登場する言葉が「ごちゃまぜ」です。

　これはもともと１９９０年代に、富山県で始まった先駆的なデイサービスの特徴を表すために使われた言葉です。

　高齢者や子どもたち、ハンディキャップのある人たちが場をともにすることで、お互いにケアし合う関係が自然に生まれ、それまでの縦割り介護よりも日常に近い環境を理想的に実現できるとされました。

　いま、この「ごちゃまぜ」という

「みやの森カフェ」外観

子どもたちが活躍する店内

お米や野菜など地元産にこだわったランチ

言葉は、富山だけでなく全国の居場所づくりの現場で使われるようになっています。

「みやの森カフェ」では、月に一度、「ほっとなみカフェ」という砺波市後援の認知症カフェの日がありますが、その日もまた認知症のある人や高齢者だけでなく、子どもたちやその保護者が参加して「ごちゃまぜ」になります。「みやの森カフェ」ではこれが当たり前の風景であり、行政もその様子を前向きに捉えています。

最後に全員の作品が並べられる

属性にかかわらず、あらゆる人たちが場をともにする「ごちゃまぜ」は、本書でいうところの「拡散」するカフェの究極の姿といえるでしょう。

鑑賞会を見つめる加藤愛理子さん

しかし、オーナーの加藤さんは「ごちゃまぜ」がカオスにならないよう気をつかってもいます。「みやの森カフェ」にやって来る人には、代価を払うお客さんとなるか、何かを手伝う働き手となるかの選択を求めることもあるそうです。

カフェとは何か、居場所とは何か、という問いには、私たちが観察者であるのと同時に参加者である以上、固定的な定義がそぐわないのかもしれません。常なる問いなおしこそ、最も正解に近い解答なのでしょう。

ワンポイント

「ごちゃまぜネットワーク」

いま、富山県内にあるたくさんの「ごちゃまぜ」な居場所が、連携し、ネットワークを形成しています。制度による支援が届きにくい依存症治療の人や刑期を終えたばかりの元受刑者の人などにも、ネットワークを通じてゆるやかな支え合いが提供されています。その深さと広がりには、富山の真の豊かさを感じることができます。

みやの森カフェ

開催日：木・金・土曜
開催時間：12時～17時
(土曜15時まで)
開催場所：富山県砺波市宮森303
問合わせ：0763-77-3733

全国の地場産品がずらりと並ぶ棚

きのこカフェ

〔東京都・千代田区〕

大都会の真ん中にある常設型カフェ

地下鉄直結という屈指の好立地

地下鉄・半蔵門駅からエレベーターで地上に出ると、すぐ目の前に認知症カフェがあります。そこが大使館や企業の本社が建ち並ぶ都心の一等地であることを考えると、驚くべきロケーションです。

「きのこカフェ」は、千代田区初の小規模多機能型居宅介護などが入る地域密着型複合施設・ジロール麹町の1階にあります。

この施設を運営するのはきのこエスポアール病院（岡山県）を中核とする「きのこグループ」。現代認知症ケアのパイオニアとして知られる医療・介護グループであり、カフェにもその進取の気風が随所に取り入れられています。

「きのこカフェ」は日曜を除いて毎日オープンする常設型です。平日は14時から16時、土曜・祝日は11時から16時まで、一般のカフェのように誰でも利用できます。

社会福祉法人の地域貢献事業という位置づけになっているため、カフェスタッフの柴山延子さんが「麹町らしからぬ価格」という通り、コーヒーは150円で提供されています。

柴山さんらはジロール麹町の職員で、介護の相談も受けています。さらに具体的な相談を希望する人には、同じ建物内にいる専門職と話ができるようすぐに手配してもらえます。

いつでも誰でも訪れることができ、介護相談も受けつけてもらえるカフェとして、「きのこカフェ」はまさに「オープンコミュニケーション系」の典型といっていいでしょう。

誰でも利用できる午後の店内

イベントを通じ
都会の人々を結びつける

「きのこカフェ」は一般の店舗のように営業しており、基本的にプログラムはありません。その代わり、地域公開講座としてバリデーションの体験会や、認知症のある本人、家族による講演会が行われています。

最近では、そこに近隣の人々の参加が増えています。

オフィスビルばかりの半蔵門周辺ですが、なかには築年数古めのマン

商品の詳しい説明も書かれている

ションもあり、そこでは1人暮らしの高齢者が増えています。しかし都会特有の事情として、住民同士の交流が乏しく、マンション自治会ですらどんな人がいるのか把握できていないことが課題となっているそうです。

　そんななか「きのこカフェ」のイベントが地域の人々の顔合わせの機会となり、新しい交流が生まれ始めています。介護事業所の地域貢献モデルとして、注目すべき展開といえるでしょう。

　さらに「きのこカフェ」にはぜひ紹介したい珠玉のアイデアがあります。

　それは全国の障害者施設などで作られる地場産品コーナー。どれも地元でしか手に入らないような隠れた逸品を、仕入れルートから開拓して集めているそうです。

　しかも「きのこカフェ」ではそれらを仕入れ原価で販売しています。この商品目当てで通う常連さんがいるのもうなずけますね。

半蔵門駅前の立地で訪れやすい

ワンポイント

「地元の理解」

　カフェの継続には地元の理解と協力が不可欠です。「きのこカフェ」は店内での販売物を考えたとき、近隣の店舗と競合しない商品として障害者施設の地場産品を選んだそうです。自分たちの事業が地域にどう受け止められるかという視点を忘れてはならないということでしょう。

きのこカフェ

開 催 日：月～土曜（定休日：日曜）
開催時間：14時～16時（平日）
　　　　　11時～16時（土曜・祝日）
開催場所：東京都千代田区麹町2-14-3
　　　　　ジロール麹町
問合わせ：03-3222-8750

出張認知症カフェ（Dカフェ）

〔東京都・町田市〕

暮らしに溶け込む認知症カフェ

いつものお店が認知症カフェになる日

場所選びは認知症カフェにとって重要なテーマの1つです。

クリアしたい条件としては、誰でも入りやすいこと、交通の便が良いこと、安価に（できれば無料で）利用できることなど。そんな条件を世界的コーヒーショップの協力で解決したカフェが東京都町田市にあります。

発祥の地・町田金森店にて

「出張認知症カフェ」（以下「Dカフェ」）は、スターバックスの店内で開催されるカフェです。しかも、町田市内9店舗で毎月9回、つまり全店で1回ずつ行われます。

この画期的なカフェは、2つの動きが合わさり実現しました。

1つは、もともと地域貢献をミッションとするスターバックス コーヒー 町田金森店が、地元の社会福祉法人合掌苑との間で清掃活動や夏祭りなどについて協力関係をもっていたこと。もう1つは、町田市役所が地元の認知症当事者グループ「認知症とともに歩む人・本人会議」（以下「本人会議」）と実施していた認知症カフェ「Dカフェ」です。

あるとき、市に対して合掌苑（地域包括支援センターでもある）から、スターバックスでの「Dカフェ」開催の提案がありました。各者の意向は一致し、そこからトントン拍子で実現していきます。

そして、2016年7月26日、「Dカフェ」がはじめてスターバックス コーヒー 町田金森店で行われました。店内には認知症のある人が描いた絵や撮った写真が飾られ、当事者による音楽演奏や合唱も披露されました。

当初、1回きりのイベントとして行われた「Dカフェ」ですが、満席のお客さんで盛り上がる様子がメディアでも取り上げられ、その後につながる機運が生まれます。

翌年、町田金森店の林健二店長から町田市内全店舗での開催が提案されました。「1回きりではもったいない。もっと暮らしに溶け込むものとして続いてほしいと思いました」と林店長はいいます。

開かれたコミュニケーション

現在の「Dカフェ」は、スターバックスが場所を提供し、町田市からNPO法人認知症フレンドシップクラブが委託を受けて開催しています。「本人会議」のみなさんはフレンドシップクラブ町田事務局として各回の運営にあたります。

写真提供：スターバックス コーヒー ジャパン 株式会社

写真提供：スターバックス コーヒー ジャパン 株式会社

「Dカフェ」が行われる日は、スターバックス店内に「Dカフェ」の趣旨を説明する看板が立ち、参加人数に合わせてテーブル席が用意されます。参加者は他のお客さんと同じように自分で飲み物を購入して席に着きます。

　店内での開催のため、「Dカフェ」は基本的に会話のみで進行します。それぞれの自己紹介から始まり、ファシリテーターが会話の糸口を見つけて話題を広げていきます。

「Dカフェ」は笑い声が絶えない楽しいカフェです。その様子はたまたま来ていた他のお客さんの目に入り、そこで思いがけず認知症というテーマと出会う人もいるでしょう。カフェの内側と外側の垣根が低いことは「オープンコミュニケーション系」最大の特徴です。

　認知症フレンドリーシティ・町田市の挑戦は、開かれたコミュニケーションを通じて多くのステークホルダーをつくりながら着実に前進を続けています。

写真提供：スターバックス コーヒー ジャパン 株式会社

「暮らしの近くにあるカフェ」

　スターバックスが認知症カフェに協力した初の事例としては、岐阜県恵那市の「ささゆりカフェ」が知られています。いま恵那市や町田市に習った動きが広がり、スターバックスの協力で行われるカフェは全国に増えています。また、埼玉県飯能市ではマクドナルド、群馬県高崎市ではモスバーガーの店内で認知症カフェが行われる事例もあります。

出張認知症カフェ（Dカフェ）

開 催 日：月9回
開催時間：10時～12時、
　　　　　もしくは9時～11時
開催場所：東京都町田市内の
　　　　　スターバックスコーヒー9店舗
問合わせ：042-724-2140
　　　　　（町田市高齢者福祉課）

「かさね」を明るくした常連さんたち

認知症カフェ かさね

（千葉県・市原市）〔2018年2月に活動終了〕

終わりを想定していた伝説のカフェ

先駆者であり
成功事例であった「かさね」

多くの認知症カフェは、終わることを想定していません。

終わるというと、人が集まらなかったり、活動資金が尽きたり、バッドエンドの事例があるのみ。

認知症カフェに理想的な終わり方はあるのか、そんな問いに1つの答えを示したのが、千葉県市原市で行われていた「認知症カフェかさね」です。

「かさね」は、同市で活躍していた認知症ケア専門士のみなさんが立ち上げました。いつでも誰でも立ち寄れる常設の居場所をつくろうと、養老川のほとりの大きな一軒家を借り、2014年2月にオープンしました。

その最大の特徴は、自立性です。公的な支援を一切受けず、また、法人化もせず、あくまで有志の集まりとして、主にランチ代による自主財源で運営されました。

「かさね」には、行政や社協などの大型視察団が頻繁に訪れました。千葉県内はもちろん、遠くは九州・東北から来ることもあり、そんな団体のランチ代は大きな収入源だったそうです。

好評だった手作りランチ

多くのゲストを迎えた「看板犬」

たくさんの人が書き足してきた「かさねの木」

もちろん、地元の利用者も数多く訪れました。

特に借り上げた一軒家の大掃除から参加した近隣住民らは、数年にわたる交流を重ね、やがて親友と呼べるほどの間柄になっていきました。

彼らは単なるお客さんではなく、庭の手入れをしたり、行事の準備を手伝ったり、それぞれの特技でカフェに明るさをもたらすキャストといえる存在でした。

閉店、そして再スタート

そんな「認知症カフェかさね」は、2018年2月に活動を終了しました。

来場者が減ったわけでも、赤字になったわけでもなかったのですが、オープンから4年の歳月が流れ、スタッフの家庭状況も少しずつ変化するなか、余力のあるうちに区切りをつけようという思いがあったそうです。

そして「かさね」が終わった翌月、

同じ場所で新しいカフェが始まりました。

その「認知症カフェシオン」は、地元の介護事業者が運営するカフェです。建物の引き継ぎにあたっては、「かさね」スタッフから、水道光熱や、食材の使い方など、さまざまなノウハウの提供がありました。

こうして「かさね」の終了を惜しんでいた近隣住民のみなさんにとっても、居場所を失うという事態を避けることができました。その後、常連さんたちは変わらず「シオン」に通い続けています。

一般の飲食店でも、老舗喫茶店などがオーナーの高齢化で存続できなくなったとき、常連客らが次の経営者を探してきて存続させる「譲りカフェ」という言葉があるそうです。「かさね」から「シオン」へのバトンタッチは、まさにこのかたちに近いことが行われたといえるでしょう。

今後、認知症カフェを社会資源として考えていくとき、継続を支援するだけでなく、人的資源やノウハウを継承し、上手に一区切りつけられる仕組みも必要になるでしょう。「認知症カフェかさね」は、その先駆け的なモデルになるはずです。

みなさんで手入れした庭を歩く

ワンポイント

情報発信

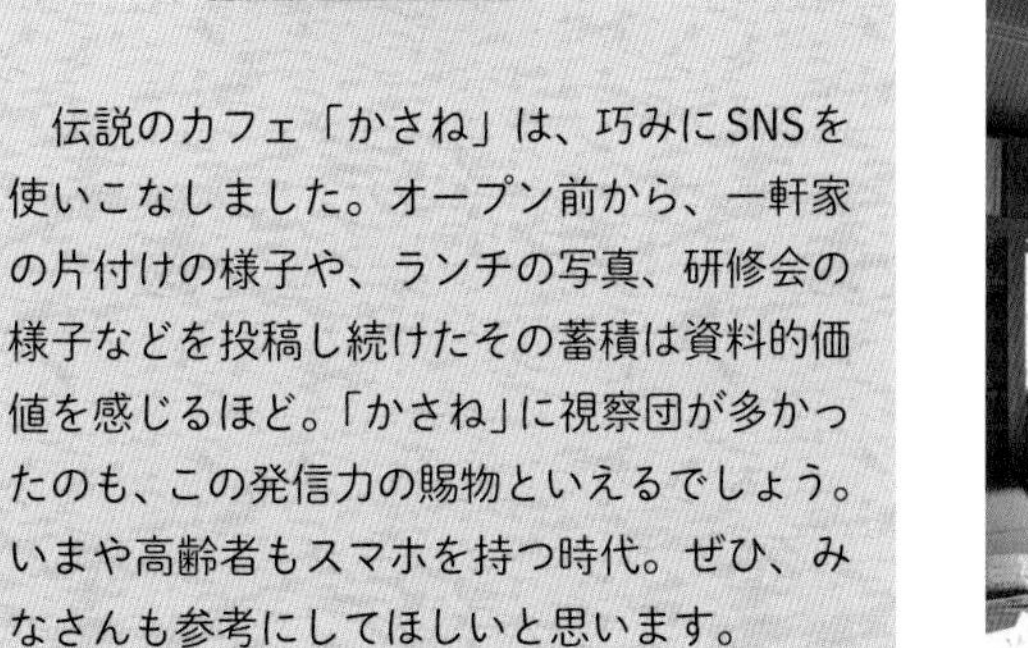

伝説のカフェ「かさね」は、巧みにSNSを使いこなしました。オープン前から、一軒家の片付けの様子や、ランチの写真、研修会の様子などを投稿し続けたその蓄積は資料的価値を感じるほど。「かさね」に視察団が多かったのも、この発信力の賜物といえるでしょう。いまや高齢者もスマホを持つ時代。ぜひ、みなさんも参考にしてほしいと思います。

さまざまなイベントが行われた和室

「拡散」する 23 オープンコミュニケーション系カフェ

フキデチョウ文庫

〔岩手県・盛岡市〕

それは公共とは何かという問いかけ

それは「屋根のある公園」

「フキデチョウ文庫」は白い外壁のモダンな建物です。

所在地は盛岡市の中心部。かつての旧・拭手町という町名がその名の由来になりました。

玄関には立て看板が。「みんなの図書室　子供から大人まで出入自由です　どうぞお立寄りください」と

扉を開けるとそこはまるで図書館

書かれています。

扉をグイッと開くと、そこは本の森。漫画や小説、おしゃれな雑誌から難しそうな専門書まで、さまざまなジャンルの本が迎えてくれます。

階段を上がるとリビングやキッチンがあり、昼間は主にデイサービスとして使われています。高齢者がくつろげるソファや、手作業ができる大きなテーブル、そしてここにも書架があります。1階と同じく、いつでも誰でも本を手に取れる場所になっています。

夜にはイベント会場にもなります。盛岡の文化・芸術を盛り上げる人々のつどいや、難病の子どもたちを支援する活動の拠点などになっています。

365日、年末年始も開いている「フキデチョウ文庫」のコンセプトは「屋根のある公園」。ママ友が子連れで集まったり、少年たちが秘密基地をつくったり、路上生活の人がひと休みにくることもできる場所です。

上）玄関にある看板　下）置かれている本はジャンルもさまざま

カフェではない、認知症カフェ

「フキデチョウ文庫」を経営する一般社団法人「しあわせ計画舎」代表の沼田雅充さんは「ここが何であるか自分たちは決めていない」と多くを語りません。

あえていえば、この「フキデチョウ文庫」は問いそのもの。介護施設とは何か、公共とは何か、と私たちに問いかけます。

「フキデチョウ文庫」は、いわゆる「カフェ」とは違います。しかし、高齢者や認知症のある人との出会いが織り込まれているという点で、とても「認知症カフェ」的です。

例えば、デイサービス利用者が使う浴室は、本が並ぶ1階の中央にあります。そのため、昼間、学校に通っていない子どもたちが、風呂上がりの高齢者と廊下ですれ違うようなつくりになっています。

また、親が子どもに読み聞かせるような絵本は2階の書架にありま

「フキデチョウ文庫」のモダンな外観

デイサービスの利用者と子どもたちがすれ違う瞬間

す。デイサービスの空間に小さな子どもが入っていけるよう考えられています。

これは、かつて私たちの社会にあった人と人の近さをモチーフにしているといえるでしょう。ただし、過去のものの再現を目指しているわけではないところに、デザインとしての要点もあります。

それはまさに新しい時代のまちづくりが目指すところ。「フキデチョウ文庫」は、単なる施設としてではなく、「まち」の一部としてデザインされたからこそ「屋根のある公園」なのです。

認知症カフェもまた、新しい時代のまちづくりです。「フキデチョウ文庫」の目指す未来は、認知症カフェの未来でもあります。

「認知症にやさしいまちづくり」

ワンポイント

「認知症フレンドリー」という概念は「やさしい」と訳されたために少し誤解が生じました。それは寛容であることではなく、認知症のある人がいることを当たり前と考えるという意味です。過去、私たちは属性で人を排除することに無自覚でした。新しい時代のまちづくりは、あらゆる人がより良く生きることを目指して進められていきます。

フキデチョウ文庫

開催日：毎日
開催時間：9時～17時
開催場所：岩手県盛岡市中ノ橋通1丁目8番6号
問合わせ：019-624-2220

「オープンコミュニケーション系」カフェ

コスガ　いわゆるコミュニティカフェをイメージの源流とする「オープンコミュニケーション系」、最初の事例は「家族介護者支援センター　てとりんハウス」です。驚くべきことに毎朝モーニングの営業をする認知症カフェになります。

武地　コスガさんからしたら驚くべきことなのかもしれませんが、愛知県民にとって喫茶店といえば朝ごはんを食べて新聞を読むところですから、当たり前ですね（笑）。

コスガ　日本版サードプレイス、とも呼ばれるようです。

武地　名古屋は地域サロンも多いのですが、認知症カフェにもすごいアフィニティ（親近感）があって数が増えました。愛知県民の「習性」ですね。

コスガ　あんこトーストと（笑）。

武地　それと「スタッフにきちんと対価を払う」という記述がありましたが、常設型でカフェをきちんと営業するなら雇用するのは当たり前ですし、収益事業として税務署にも届け出なければいけません。保健所などへの手続きも当然必要ですね。

コスガ　続きまして「すももカフェ」です。グループホームで暮らす女性たちがホールスタッフとして活躍するカフェです。

武地　認知症のある人が給仕をしたりスタッフを務めるカフェやレストランは、各地に増えていますね。ここは「特化」ですか。

コスガ　「オープンコミュニケーション系」が「特化」すると、一般のお店に似てくるというのが僕の見立てです。認知症のある人が働いているけれど、普通のお店としてご利用ください、という姿勢が強まるようです。

武　地　面白いですね。さて、次は「**みやの森カフェ**」ですね。

コスガ　フリースクールの先生だった加藤愛理子さんが自宅に建てた一軒家カフェです。子どもから高齢者までが場をともにする「ごちゃまぜ」カルチャーを体現しています。

武　地　脳梗塞を患う人の家族やその他の家族と一緒だと、認知症のある人の家族のつらさが伝わらない、ともいわれます。先ほどもいいましたが、「拡散」するカフェでも認知症特有の事情についてはよく知っておいてほしいですね。

コスガ　続いて「**きのこカフェ**」です。

武　地　岡山県のきのこグループが東京の千代田区でやっているというのが面白いですね。

コスガ　施設の地域交流スペースを利用して、毎日いつでも相談ができる機会を提供しています。

武地　全国の常設型の多くはそういうやり方でしょう。宇治市の京都認知症総合センターにできた「カフェほうおう」もそうです。

コスガ　続きまして東京都町田市の「出張認知症カフェ（Dカフェ）」です。スターバックスの店内で開催するカフェになります。

武地　これはネットワークになっているのですね。

コスガ　単体のカフェというより、町田市内にあるスターバックス全9店舗で行われるカフェが、大きな1つの取り組みになっています。開催情報は市報に掲載されますし、たまたま店内で見かけて参加する人もいるそうです。まさに「オープンコミュニケーション系」だと思います。

武地　「認知症カフェかさね」は、行ったことはないですけれども、運営されていた方とお会いしたことがあります。認知症ケア専門士の方たちが集まってやっていました。こちらに関しては、引き継ぎが行われたことが特徴ですね。

コスガ　ほとんどの認知症カフェが終わりを想定していないなかで、1つのモデルを示したと思います。先生は、カフェの終わりについてどうお考えですか。

武地　認知症カフェは地域の公共的な社会資源であり、継続されていくのが基本だと思います。必ずしも1つのカフェが継続していかなくても、10か所あるうちの1つがなくなったらまた別のカフェが1つ増えるような、全体としての継続性があるといいでしょう。そのなかで引き継ぎが行われてもいいと思います。

コスガ　最後は「フキデチョウ文庫」です。図書館とデイサービスが一体になっている不思議な場所です。

武地　これは面白いですね。素敵な場所です。認知症カフェというか、広い意味で認知症を理解する場所ということですね。

コスガ　僕にとっては、認知症カフェの定義を広げてくれた場所です。「オープンコミュニケーション系」も、多士済々、さまざまな種類があります。

武地　認知症カフェの運営者は、「毎日、いつでもご相談ください」という気持ちをもっているので、常設型は1つの理想ではあります。「as a cafe」や「きのこカフェ」もそうですけれども、スペースを使いつつ、専門職に相談できるよう工夫しているという共通点があり、今後、日本の認知症カフェのあり方として模索されていくと思います。

〈対談⑤に続く〉

Part 3

(バック・トゥ・ザ)フューチャー・オブ・認知症カフェ

未来を目指して、最後は原点に立ち返りましょう。

1 「アルツハイマーカフェ系」カフェ

本書では、オランダ・アルツハイマーカフェは日本に二度伝えられたと考えます。一度目は2011年に政策として、二度目は2018年に認知症カフェとして。今後は、2018年から始まった「認知症カフェモデレーター研修」の修了者が、「構造的なプログラム」や「民主的な人間関係」を取り入れ、創始者ベレ・ミーセン博士の哲学まで正しく理解した「アルツハイマーカフェ系」認知症カフェを全国に立ち上げていくでしょう。

土曜の音楽カフェ♪

（宮城県・仙台市）

本場の哲学を伝える「ザ・認知症カフェ」

アルツハイマーカフェの伝道者

仙台市青葉区国見地区で地元のみなさんが共同運営している「土曜の音楽カフェ♪」は、国内におけるアルツハイマーカフェ系の代表的事例です。

このカフェを立ち上げから監修してきたのは認知症介護研究・研修仙台センターの研究者・矢吹知之氏。アルツハイマーカフェの創始者ベレ・ミーセン博士とも共著のある、認知症カフェ研究の第一人者です。

もともと高齢者虐待問題の専門家だった矢吹氏ですが、海外事例の調査・研究の過程でオランダ・アルツハイマーカフェの活動に触れ、その深い哲学と完成された運営法を日本にもち込もうと考えます。それはあまりに多様な「アレンジ」が存在し

カフェオープンと同時に音楽演奏が始まる

ていた日本の認知症カフェに1つの中心軸をつくろうという挑戦でした。

「土曜の音楽カフェ♪」は、構造的なプログラムを特徴とします。それはまさに本場のカフェを正確に再現するような、ウォーク・インと呼ばれる開場の時間、ミニ講話、カフェタイム、質疑応答、と続く30分刻みの時間割です。また年間スケジュールも固定的で、ミニ講話の内容も基本的に毎年同じテーマを繰り返します。

プログラムの繰り返し構造は、運営の負担を軽くするとともに、カフェを長く続けることで、反復による学習成果を地域に染みわたらせることを期待しています。

なお、音楽の生演奏もベレ・ミーセン博士こだわりのポイントの1つ。ただしそれは会話を促すＢＧＭという位置づけであり、あくまで脇役です。

入り口にはオランダ・アルツハイマーカフェの看板が

異文化の翻訳というチャレンジ

「土曜の音楽カフェ♪」は、オランダ・アルツハイマーカフェをよく再現していますが、一方で異なる部分もあります。

飲み物やお菓子を用意するスタッフ

一番の違いは開催日時です。

その名の通り土曜日の午後に行われる「土曜の音楽カフェ♪」に対し、オランダでは平日19時に始まるカフェが多いそうです。

オランダでカフェが夜に行われるのは、仕事をもつ人も参加できるようにするため、そして平日に行われるのは専門職の休日を奪わないためだそうです。実にオランダらしい、合理的な理由です。

一方、オランダにはないものが、

テーブルを回る矢吹氏（中央）

出口に募金箱が置かれている

東北福祉大学ステーションキャンパス外観

「土曜の音楽カフェ♪」では採用されているものもあります。

例えば参加費。オランダのカフェは公助と寄付によって運営されるため、誰からも参加費を取りません。しかし「土曜の音楽カフェ♪」では、無料だと遠慮を感じる人がいるという声があり、募金箱を置くことにしました。これは日欧の文化の違いがよくわかるエピソードです。なお「土曜の音楽カフェ♪」の参加者はほぼ全員が募金に応じるため、それだけで運営費がまかなえているそうです。

2018年、矢吹氏が所属する認知症介護研究・研修仙台センターは「認知症カフェモデレーター研修」を開始しました。「土曜の音楽カフェ♪」で実践された異文化の翻訳という事業が、1つの成果となって全国に伝えられ始めています。

ワンポイント

「モデレーター研修」

認知症カフェの管理・運営者を育成する「認知症カフェモデレーター研修」は、現在の職種や経験の有無にかかわらず、誰でも受講できます。これまで仙台や東京、愛知で開催されてきましたが、今後はさらに全国各地で行われる見込みです。受講を希望する方は認知症介護研究・研修仙台センター（022-303-7550）までお問い合わせください。

土曜の音楽カフェ♪

開 催 日：第1土曜
開催時間：13時30分～15時30分
開催場所：宮城県仙台市青葉区国見1-19-1
東北福祉大学
ステーションキャンパス3階
問合わせ：022-303-7550
（認知症介護研究・研修仙台センター）

前半で行われる講演風景

国立市・認知症カフェ

〔東京都・国立市〕

市民の街で生まれた始まりのカフェ

オランダから学んだ日本初の認知症カフェ

2012年3月に開始された「国立市・認知症カフェ」は、「オレンジサロン 石蔵カフェ」「Dカフェ・ラミヨ」「オレンジカフェ今出川」とともに日本のオリジナル4の一角であり、このなかでも最も早く始まったカフェです。

設立者の医師・新田國夫先生とスタッフのみなさんは、オランダ・アルツハイマーカフェを実際に視察しており、間違いなくこのカフェは「アルツハイマーカフェ系」となります。

「国立市・認知症カフェ」は前半が講演、後半がディスカッションという2部構成です。それは本場の4部構成をシンプルにしたもの。

さらに講演テーマには、春・夏・秋・冬と季節的な内容が繰り返される傾向があり、アルツハイマーカフェの特徴を踏襲しています。

一方、当初は行われた音楽の生演奏ですが、「話がしにくい」という意見が出て、取りやめとなりました。

実は、「国立市・認知症カフェ」はかなり激しい議論が行われるカフェです。

東京の人ならご存じかもしれませんが、国立市といえば教育水準が高く、市民活動の活発な街。社会福祉に一家言ある参加者が多く、カフェにおけるディスカッションの話題が尽きません。

これは「コーヒー1杯で何時間でも議論できる」というオランダ国民の気風に通じるものがあるかもしれません。

そう考えると、日本初の認知症カフェが国立市に誕生したのは、単なる偶然とも思えなくなってきます。

会場はデイサービス施設の１階

新田医師が参加しないわけとは？

意外かもしれませんが、カフェ設立者の新田先生は、認知症カフェに参加していません。スタッフによると、最初に一度だけ「フラッと来た」そうです。

新田先生は「認知症カフェは当事者中心に運営されるべきです。一市民として本人たちが思いを表現する場に、医療者は必ずしも必要ではありません」と語ります。

新田先生の地域への信頼には根拠があります。

国立市では、10月の第3土曜を「認知症の日」とし、2012年から毎年大きなイベントを行ってきました。その積み重ねは、いまや認知症施策先進都市・国立の土台になっています。

また「認知症カフェ」という名称にもその信頼は表れています。

あえて「認知症」という言葉をそのまま使っているのは、「認知症」を堂々と語り合える世の中を目指すという理念を、国立市民であれば理解してくれると信じているのです。

認知症カフェが全国に広まったいまこそ、パイオニアである「国立市・認知症カフェ」から学べることは多いのではないでしょうか。

上）常連参加者による熱い議論が続く　下）市の資料が配布される

ワンポイント

「脱・アルツハイマーカフェ」

2019年4月、「国立市・認知症カフェ」はその様子を一変させました。7年続けてきた講話をやめ、2部構成自体をなくしたのです。これからは熱いディスカッションよりも、日常的なおしゃべりを大事にし、出入り自由で、特に認知症のある人にとって居心地の良いカフェを目指すそうです。老舗カフェの今後からますます目が離せません。

国立市・認知症カフェ

開催日：第1日曜
開催時間：13時30分～15時30分
開催場所：東京都国立市富士見台 4-8-2
　やがわデイサービスセンター
問合わせ：042-569-6213

Cafe Column

「アルツハイマーカフェ系」カフェのこれまでとこれから

1997年に、心理学者のベレ・ミーセン博士がオランダ・ライデン大学で始めたのが世界初の認知症カフェ「アルツハイマーカフェ」です。

その後、オランダ・アルツハイマー協会が事業化し、研修と組み合わせて全土に広げました。同じヨーロッパでもイギリスなどのカフェとは異なるというその特徴は次の通りです。

・自由で対等な人間関係
・アルツハイマー協会の指導と助成
・構造的で繰り返されるプログラム
・月1回、平日夜の開催
・会話を促すための生演奏

2012年、日本で認知症カフェが政策として採用されるにあたり、このアルツハイマーカフェが紹介されました。しかし、国内の関係者の間では認知症のある人と家族が地域の人とコーヒーを飲む、といった外形的な理解に留まり、その哲学が正しく伝わるには、2018年の「認知症カフェモデレーター研修」の開始まで待たなくてはなりませんでした。

いま、認知症介護研究・研修仙台センターの矢吹知之氏を中心に、国内でもアルツハイマーカフェの普及が精力的に行われています。今後、モデレーター研修の修了者を中心に、このタイプのカフェが増えていくことでしょう。

矢吹氏は、カフェの継続性を担保するため、複数の事業者などが共同で1つのカフェを運営するよう指導しています。そのため「アルツハイマーカフェ系」の取り組みは、比較的規模の大きいものになってくるかもしれません。実際にモデルの1つとなっている仙台市「土曜の音楽カフェ♪」は、毎回80名以上が参加しています。

そうなると、この「アルツハイマーカフェ系」カフェは、各市・各区に1つという配置が適正のように思われます。しっかりとした活動原則と組織をもつ「アルツハイマーカフェ系」は、行政やその他の機関とも連携しやすく、また市内・区内の小さなカフェともつながって、まるでハブ空港のような「ハブカフェ」として機能するという未来が見えてきます。

「アルツハイマーカフェ系」カフェは、典型的な「特化」するカフェです。参加者のニーズを取り入れて柔軟に内容を変化させることはありません。

それはとてもヨーロッパ的な文化でもあります。

今後、「アルツハイマーカフェ系」カフェが日本で広まっていくとき、この文化のギャップが何を引き起こすのか、興味深くもあります。

日本的な「居場所」と、ヨーロッパ的な「カフェ」として対比できるでしょうか。それは対人支援観の違いでもあり、人生観、家族観、死生観の違いにも通じています。

2 パーソナル認知症カフェ

当事者性を軸にした集まりではなく（自助サポート系）、公共的とはいえず（地域公共サービス系）、誰にでも開かれているわけでもない（オープンコミュニケーション系）カフェがあります。それはたった1人のために行われる認知症カフェ。行政や専門職が関わっていないこともあり、なかなか実態が知られてこなかったそのようなカフェを、本書では「パーソナル認知症カフェ」と名付けました。それはカフェの最小単位であるのと同時に、大きく成長する「芽」でもあります。

ご近所さん会

（神奈川県・横浜市）

認知症になっても何も変わらない

横浜市に住む加世田恵美子さんの母親・千鶴子さんは、長年自宅で洋裁や編み物の教室を開いてきました。70歳を過ぎ、定期的な教室を閉じた頃から、次第に引きこもりがちになった千鶴子さんは、その後、認知症の診断を受けることになります。

デイサービスの車が迎えに来るようになったり、千鶴子さんが外出して帰れなくなることがあり、恵美子

月に一度、千鶴子さんの自宅リビングにご近所さんたちが集まる

さんは千鶴子さんの状態を近隣の人々に説明したほうがいいと考えました。そしてこれまで千鶴子さんと親交のあった友人たちを家に招く機会をつくろうと思い立ちます。

そうして始まったのが「ご近所さん会」です。

当初はランチ会というかたちでした。しかし食事を振る舞われることに遠慮を感じる人がいたため、各自が菓子類を持ち寄る茶話会スタイルに落ち着きます。

「ご近所さん会」はいわば会員制の認知症カフェです。参加できるのは恵美子さんが声をかけた固定メンバーのみです。

参加者のなかにハーモニカが得意な人と、大正琴を弾ける人がいたため、「ご近所さん会」は音楽のあるカフェになっています。発話が難しくなっている千鶴子さんですが、演奏に合わせて体を動かし、楽しんでいる様子がわかります。

介護や認知症に関しては素人だったご近所さんたちも、千鶴子さんと過ごすうちに、どんなときに笑顔を見せるのかわかるようになり、コミュニケーションに自信がもてるようになったそうです。拝見したところ、非常に良質なケアが行われる場になっていました。

全国には認知症のある「その人」を中心としたカフェやつどいがたくさんあるようです。ただし「ご近所さん会」のように専門職の関わりがなく、調査や統計では把握されにくいのです。

このようなカフェを「パーソナル認知症カフェ」と名付けたいと思います。たった1人のために行われるカフェ的取り組みを指す造語です。

音楽を楽しむことも

表情が明るくなる千鶴子さん

この方が弾くのは大正琴

演奏を聴いて手を上げるスーザンさん（左端）

ホームパーティ

（奈良県・天理市）

その人の母語で話すカフェ

奈良県天理市にも「パーソナル認知症カフェ」があります。

その中心となっているのは、アメリカ出身のスーザン・リンさん。約40年前に日本人の夫と結婚し、来日しました。地元・天理大学の語学学校で英語の教師を務め、特にスピーチ教育で優れた手腕を発揮し、優秀な教え子を数多く育てたそうです。

スーザンさんは50代半ばで認知症の症状が表れ、62歳のときアルツハイマー病と診断されました。そして認知症の進行とともに、大人になってから覚えた日本語での会話が難しくなっていきます。

そこで、東京で暮らしている娘の香織さんが、月に一度の帰省に合わせて母親のために開催するようになったのが「ホームパーティ」です。

「ホームパーティ」には、若年性認知症支援に詳しいメンバーとともに、英語でなければコミュニケーションが難しいスーザンさんのために、留学生ボランティアなど英語を話せる人たちが参加します。

上段右）この日、テーブルには地元産の果物が並んだ　上段左）ギターは習いたてという香織さん　下段右）スーザンさんに寄りそうネコの「はな」ちゃん　下段左）リズムに合わせて手をたたくスーザンさん

カフェでは地元名産のイチゴなどのフルーツや菓子が並べられ、飲み物が振る舞われます。参加者同士の会話すべてが英語で行われるわけではありませんが、スーザンさんに話しかけるときは香織さんやその他の誰かが翻訳して伝えます。

カフェの後半は音楽の時間になります。

香織さんがギターを、他の参加者も得意の楽器を持ち寄って、スーザンさんが幼少の頃に親しんだと思われるアメリカの音楽を演奏します。フォークやカントリーの名曲をみんなで口ずさむと、スーザンさんは表情が明るくなり、身体でリズムをとることもあります。

「パーソナル認知症カフェ」は小さくて温かい取り組みです。

参加者同士を結びつけるのは友情と共感であり、カフェ的なものの最良の部分が凝縮しているといえるでしょう。

パーソナル認知症カフェ 28

ナミ・ニケーションズ

（神奈川県・鎌倉市）

支援ではなく、遊び仲間として

神奈川県鎌倉市には、サーフィン仲間によるパーソナルな活動があります。

彼らの名前は「ナミ・ニケーションズ」。もともとはデイサービス経営者の柴田康弘さんら湘南・鎌倉地域で医療・介護の仕事に就くサーファーたち7、8人の集まりでした。

2017年、彼らは地元で開催されたイベント・RUN伴で、若年性認知症当事者である川名賢次さんと出会います。かつては海外まで遠征するような熱心なサーファーだった川名さんが、50代で認知症の診断を受けてから一度も海に出られなくなったということを知り、彼らの仲間意識に火がつきました。

その翌月、川名さんとともに「ナミ・ニケーションズ」のメンバーは鎌倉・材木座海岸に集結しました。

そしてメンバーのサポートを受けながら、川名さんは8年ぶりに海に出ます。症状の進行もあり、はじめはぎこちなさもありましたが、次第に勘を取り戻し、波乗りを楽しむ様子を見て、メンバーも川名さんの家族も一緒に喜び合いました。

波に乗る川名さんと柴田さん（後ろ）

その後「ナミ・ニケーションズ」は川名さんとその家族を仲間に迎え、毎月海に繰り出しています。いまではサーフィンだけでなく、バーベキューやバンド活動など、さまざまな楽しみをともにしています。

柴田さんは「ナミ・ニケーションズ」について「ボランティアしているとか、誰かを支援しているという意識はなく、ただ楽しんでいるだけ」と語ります。専門職のメンバーも、いい意味で「遊び」を忘れず、仕事とは違う意識で参加しているそうです。

現在「ナミ・ニケーションズ」は50人ほどにまでメンバーを増やしています。

川名さんというアイコンを中心としつつ、ケアを前面に押し出さない自然体の集まりが多くの人を惹きつけています。

認知症のある人が当たり前にいられる場であれば、もはや室内でなくても、コーヒーを飲まなくても、認知症カフェといえるのではないでしょうか。

川名さんをサポートするナミ・ニケーションズの仲間たち

川名さんとサーフィンをするのが夢だったという長男・健太さん（左）と妻・裕美さん（右）

Cafe Column

「パーソナル認知症カフェ」のこれまでとこれから

私たちは誰ひとり取り残されることのない社会を目指し、さまざまな制度でセーフティネットをつくってきました。医療・介護・福祉だけでなく、防災やまちづくりなど多方面での取り組みが、いま幾重にもなる社会的包摂を実現しています。

しかし、どれだけ努力を重ねても、制度に当てはまらない例外は残ります。そもそも効率的に設計された制度ほど、すき間が生じやすいのは仕方がないことかもしれません。

そこで、認知症カフェなどのインフォーマルな取り組みに、制度のすき間を埋める役割が求められます。

さらに、さまざまな事情でカフェにすらなじみにくい人については、その人を中心とした「パーソナル認知症カフェ」というアプローチが最後の切り札になるかもしれません。

その人を中心とする「パーソナル認知症カフェ」は、カフェに人を合わせるのではなく、人にカフェを合わせる取り組みです。あらゆる制度や仕組みと比べても、その人のニーズに寄り添い、その人のための安全地帯をつくることにかけては有効であるといえるでしょう。

これまで紹介した事例からも、「パーソナル認知症カフェ」のアプローチが若年性認知症のある人を取り巻く複雑な課題と相性がいいことは明らかです。もし日本全国に若年性認知症のある人が3万人いるのなら、「パーソナル認知症カフェ」は3万か所あってもいいとさえ思えます。

「パーソナル認知症カフェ」は、中心となるその人自身がカフェを必要としなくなったとき（転居、入院、死去など）、活動を終えるという選択もできます。終わりを想定しない従来の認知症カフェより、関わる人たちの負担を軽くできるでしょう。

カフェのノウハウや、そこでできた人間関係など無形のレガシーを残す方法があれば、「パーソナル認知症カフェ」は誕生・消滅・再生を繰り返しながら地域にあり続ける社会的包摂の新しいかたちになるかもしれません。

　また、「パーソナル認知症カフェ」は「拡散」することもあります。

　鎌倉市の「ナミ・ニケーションズ」は、川名賢次さんの他にも認知症のある人が参加するようになっており、さらに、認知症だけでなくさまざまな障害のある人たちが海を楽しむ活動に発展しつつあります。

　さらに思い出していただきたいのは、本書の冒頭で取り上げた宇都宮市「オレンジサロン 石蔵カフェ」です。

　この日本初の認知症カフェもまた、最初は1人の若年性認知症のある人を中心として始まった取り組みでした。つまり日本の認知症カフェは、「パーソナル認知症カフェ」から始まったともいえます。

　おそらく「パーソナル認知症カフェ」は、これまで名付けられていなかっただけで、すでに全国には多数の実践があるはずです。それは友人を月に1回食事に誘う同窓会かもしれませんし、1人のメンバーを囲むように始まったテニスのサークルかもしれません。

　「その人」を中心とする小さな活動の大きな可能性、それが「パーソナル認知症カフェ」です。

私たちの原点

　認知症カフェは自由度の高い活動です。

　なかには公的な支援を受ける条件として「専門職の常駐」など厳しめの内容を課す自治体もありますが、その活動内容まで決められることはなく、カフェの裁量が大きく残されています。

　ですから、それぞれのカフェは、自分たちで目標を決め、あるいは目の前のニーズに応えようと活動を続けてきました。その結果として多様なカフェが現れたのはこれまで読んでいただいた通りです。

　しかし、原則自由な認知症カフェに

も、1つだけ真に顧みられるべき原点があります。

それは2012年2月、京都府の医療・介護・福祉関係者や家族会関係者などが発表した「2012京都文書」です。

この文書は「オレンジプラン」（同年9月）や、「今後の認知症施策の方向性について」（同年6月）より早くに発表され、その後の国の方針にも大きな影響を与えました。

文書はまず、初期で軽度の認知症に対するケアの欠落を指摘します。そしてその原因を、一般はもとより専門職すら終末像に偏った認知症イメージしかもたないためであるとします。そこから、初期の疾患イメージを確立することで「認知症の疾病観を変える」という理念を示します。

この理念こそ、地域にケアを広げ、その出会いを前倒しするという指針となり、本人・家族・住民・専門職らが交わる場としての認知症カフェというアイデアにつながりました。

このように、認知症カフェの原点には「認知症のイメージを変える」という理念があります。

では、「認知症のイメージを変える」とは、いったい誰の何を変えるのでしょう。実はそのヒントもまた、すでに示されています。

2013年に「認知症の人と家族の会」がまとめた認知症カフェに関するレポートに、「出会いなおし」というキーワードが登場します。

「認知症カフェでは、認知症の本人が生き生きと過ごし、家では見せなかったような表情で過ごしていることが分かった。同じ空間で『家では見せない姿』を家族は目にする。このことで、家族は日常の介護を振り返り、本人との向き合い方にも変化が生じるという効果を及ぼしていることが分かった。また専門職にとっても、仕事で接している時とは異なる本人の姿を見る場であることも分かった。

認知症カフェはこのような本人と家族の関係性の様式やパターンを変えるようなものとして機能する一面があると考えられる。つまり、家族と本人、そして地域、専門職が出会い直しをする場として機能する可能性がある。」

「認知症カフェのあり方と運営に関する調査研究事業報告書」より

いま、私たちはカフェで起きる「出会いなおし」が、本人と家族の間だけのものではないことを知っています。それは本人同士でも、専門職の人の心の中でも、そして地域全体でも起きるものです。

こうして認知症カフェは私たちの疾病観をアップデートしていきます。

そのソーシャル・イノベーションは、まさに始まったばかりなのです。

武地先生、おじゃまします！

カフェ対談 5

「アルツハイマーカフェ系」カフェ

コスガ　日本の認知症カフェにとって、原点であり、未来でもある「アルツハイマーカフェ系」です。まずは国内において、最も忠実に本場オランダの取り組みを再現する**「土曜の音楽カフェ♪」**から。

武地　2016年度に矢吹先生らと行った認知症カフェの全国調査（※『認知症カフェの実態に関する調査研究事業』）で、認知症のある人、家族、地域住民が何を必要としているかを調べました。すると、本人たちは特にスケジュールが決まってなくてもいいけれど仲間がいることが一番大事で、家族にとっては同じ立場の家族がいることや相談できることが大事で、地域の住民は認知症についての講話が聞けたりすることが大事なのだということがわかりました。この3者が集まる場所をつくろうとするとアルツハイマーカフェスタイルが最大公約数になるだろう、と話し合ったことがあります。

コスガ　個人的には日本ならではのアレンジの部分が面白いと感じます。例えば募金箱とか。「土曜の音楽カフェ♪」は募金でほぼ経費がまかなえるそうです。

武地　地域ごとに多少の違いはあるから仕方ないですね。「土曜の音楽カフェ♪」は大学の施設を無料で借りています。であれば募金でまかなえるでしょう。いいスペースを見つけることはカフェ

にとって大事です。

コスガ　そして2012年に始まった日本で最も古いカフェの1つ「国立市・認知症カフェ」です。

武地　こちらは新田先生自身は「市民中心に運営されるべきで、医療者は必ずしも必要ではない」と語っておられるかもしれませんけれど、新田先生のスタッフは関わっているんですよね。

コスガ　はい、基本的に医療法人社団つくし会のスタッフが運営しています。2019年4月からプログラムをやめて、アルツハイマーカフェ系といえなくなったと思います。常連さんによるディスカッションが盛り上がりすぎたという理由があるようです。

武地　認知症カフェは、専門職、あるいは専門性をもった人が、認知症のある人や家族が安心して通える場所であるよう上手にコントロールしていく役割を担う必要があると思います。

パーソナル認知症カフェ

コスガ　最後に僕の造語である「パーソナル認知症カフェ」の3つ、「ご近所さん会」「ホームパーティ」「ナミ・ニケーションズ」です。

武地　1つは「拡散」しすぎですね（笑）。

コスガ　「ナミ・ニケーションズ」は、もはやカフェのかたちをしていないですね。「その人」自身をテーマにしたとき、こういう展開もありではないかという最大限の可能性といいますか。

武地　コスガさんも書いておられるように、「オレンジサロン 石蔵カフェ」も始まりはパーソナルな活動であったというところですね。当事者性を大事にしているところは、どこも「その人中心」という部分をもっていると思います。

最後に

コスガ　「2012京都文書」で示された「認知症の疾病観を変える」という目標に対して、2013年の認知症の人と家族の会の報告書に登場する「出会いなおし」という言葉が鍵になるのではないかと思い、最後に取り上げました。

武地　一番最初のページにもありましたね。認知症によって、本人、家族、あるいは地域の人とが分断されていくなかで、「認知症があっても大丈夫なんだ」「一緒にやっていけるんだ」と「出会いなおし」をしていくといいと思います。

コスガ　2012年の京都文書から8年が経過した現在、認知症カフェは認知症のイメージを変えることに資する取り組みになっていると先生は考えますか。

武地　なっていると思います。しかし焦点が定まっていないというか、本来目指しているところではないカフェがまだまだ多いので、それらをいかに引き上げてくるかというのが、これから大事になるでしょう。

日本の認知症カフェは、はじめに施設基準とか制度に押し込めなかったことが良かったと思います。みなさんの創意工夫がいいかたちをつくったといえるでしょう。

「認知症」と「カフェ」という2つの違和感のある言葉をつなげるというのは、私も冗談でいうんですけれど、何でしたっけ、ピーピー……

コスガ　「PPAP」ですか、ピコ太郎の（笑）。

武地　「認知症」という、難しい、偏見の多い、語らいにくい病気と、「カフェ」というくつろぎの空間がドッキングされることで、「認知症カフェ」にはこれまで動かなかったものを一歩進めていく力があるのではないかと思います。「PPAP」のようにね（笑）。

〈おわり〉

ソーシャル・イノベーションは止まらない

私がカメラマンになった頃、写真の世界はフィルムからデジタルへの移行期でした。写真を撮るという仕事のかたちが大きく変わるなか、若さゆえの身軽さで業界の片隅に小さな居場所をつくり出し、今日までやってくることができました。

私は1つのことを極めるというより、複数のジャンルを渡り歩いてきたカメラマンです。最初に得意とした撮影は音楽や演劇などのステージ分野で、その後は良き友人たちとの出会いに恵まれ、人物、ブツ撮り、旅行ガイドブックなどに仕事の幅を広げていきました。

2009年、ある編集プロダクションを介して、医療系出版社の代表と知り合います。その出版社は製薬企業が配布する冊子などを制作していて、医師のインタビュー写真を撮影できるカメラマンを探していました。当時、私はビジネス誌で経営者や文化人を撮っていたので、同じようなオーダーだろうとその仕事を引き受けました。

こうして私は医療系という新ジャンルに乗り出し、「認知症」と出会うことになります。

認知症分野の撮影は、インタビュー、対談、学会取材など多岐にわたり、北海道から九州まで飛び回る大仕事となりました。

いま振り返ると、それはオレンジプラン（2012年）から新オレンジプラン（2015年）にかけて日本の認知症施策が大きく動いていた時期だったことがわかります。

当時の私は認知症について経験も知識もなく、撮影中に見聞きするのははじめてのことばかり。「2025年問題」「認知症1000万人時代」という重苦しい展望や、有効な治療法・予防法が見つかっていないことを知り衝撃を受けました。

しかし、何よりショックだったのは、そんな未来に備えて介護保険制度や地域包括ケアシステムといった仕組みをつくり、支えてきた人たちがいることについて、自分がまったく関心を払ってこなかったということでした。

自身の不見識を悟り、私は認知症についてもっと知らなくてはいけないと思い始めます。私が幸運だったのは、そのとき取材でレンズを向けていたのが、国の政策決定に関わるような指導的立場にある医師ばかりだったこと。その現場はまさに最高の授業が聴講できる特等席でした。

そんななかはじめて「認知症カフェ」という言葉を耳にする日がきます。

それはある医療者向けフォーラムにおける、新田國夫医師の講演でした。

新田先生の講演は主に東京都国立市の初期集中支援事業をテーマとしたもので、認知症カフェに触れたのはほんのわずか。しかし、その新奇な語感は強く印象に残りました。

この一連の仕事は、約4年で区切りとなりました。

冊子の刊行が減り、撮影の機会も少なくなると、私は温めていたアイデアを実現に移すときだと考えるようになります。それまで特等席で学ばせてもらった「認知症」を、仕事ではなく自分自身のテーマにすることです。

行動を開始したのは2016年1月。まず思いついたのは、誰でも参加できるという認知症カフェに行ってみることでした。

ところが、ここで壁に突き当たります。地元・横浜市で認知症カフェをうまく見つけることができなかったのです。

当時の私には医療・介護・福祉分野の知り合いがなく、カフェを探すのにネット検索しか方法がありませんでした。そうして見つけたカフェは横浜市内でわずか2か所。人口370万人の大都市にしてはあまりに少ない数でした。

このとき私は自分の使命を自覚します。認知症カフェの情報をもっと集め、誰でもアクセスできるよう広く提供することです。旅行ガイドブックやカフェ本というジャンルを経験してきた私にとって、それは自分らしいやり方でできる認知症分野への貢献だと思えました。

そして書籍化を目指し、認知症カフェ取材を開始します。

2か月間で40か所のカフェを訪れ、企画書を作り、出版社に持ち込みました。

しかし、結局このときの売り込みは実を結ばず、書籍化を一時断念してインターネットの活用に方針転換することになります。

ブログ「全国認知症カフェガイド on the WEB」を開設したのは2016年5月のこと。

実は、私が自分で文章を書くことを覚悟したのはこの段階でした。

それまで自分の役割はあくまでカメラマンであり、文章はプロのライターである友人たちに依頼しようと思っていました。当初、私がイメージしていたのは、ライターとカメラマンの数チームが広範囲を手分けして取材するようなつくり方だったのです。

しかし1人でブログを始めることになり、いざ自力で文章を書かなければならなくなったとき、私は重大なことに気がつきました。自分の文章力では認知症カフェの魅力を伝えきれないのではないかと。であれば、もしかしたらこのテーマは笑い声などの雰囲気をそのまま伝えられる動画のほうがいいのではないかと。

こうして2016年11月、私ははじめての動画を試作しました。何もかも手探りでしたが、このときの経験がのちに「コッシーのカフェ散歩」につながっていきます。

認知症カフェの取材開始から4年。

これまで全国200か所以上のカフェを訪れました。そして行く先々で、信念をもって認知症というテーマと向き合い、この国の医療・介護・福祉の要点を支えている人たちと出会いました。本書はまさに彼らなくしてはありえません。尊敬すべき友人たちにあらためて感謝を申し上げます。


スティグマとは根が深いものです。

それはおそらく人間が物事を合理的に認識しようとする仕組みそのものに由来するもので、完全になくすことはできないでしょう。しかし、100年単位で振り返れば、私たちと認知症との関係は間違いなく良い方向に向かっています。

いま、認知症については、国の施策や国際的な運動、本人・家族らによる情報発信、さらに小説、映画、ドキュメンタリー、体験型イベントや対話型イベントなど、さまざまな取り組みが行われています。これらはどれか1つが決め手になるというより、すべてが有機的に関係しながら、じわじわと、着実に、認知症のイメージを変えていくことになるでしょう。

そして認知症カフェも間違いなくその一翼を担う活動です。

ソーシャル・イノベーションは止まりません。

私にできることは多くありませんが、控えめで目立たない活動にこそ関心を向けて、これからもできる限り心を込めて取材・発信していきたいと思います。


最後になりますが「おしゃれなカフェ本のようにしたい」という私の希望を完璧にかなえてくださったデザイナーの菅田亮さんと、遅れに遅れた原稿を海のように深い愛情で待ち続けてくださった編集者の岡田温実さん、そしてクリエイツかもがわのみなさまに心より感謝申し上げます。

また、本書とのコラボレーションを実現してくださったウェブメディア『なかまぁる』（朝日新聞社）編集長の冨岡史穂さんにもあらためて御礼申し上げます。

そして取材開始当初から温かく見守っていただき、本書では対談まで引き受けてくださった武地一先生には、格別の御礼を申し上げます。誠にありがとうございました。

2020年1月

参考文献（発行年順）

- 河合隼雄『河合隼雄全対話III 父性原理と母性原理』第三文明社、1989年10月
- WAC編『コミュニティ・カフェをつくろう！』学陽書房、2007年12月
- 土橋町内会『土橋町内会50周年記念誌』2008年3月
- 藤本直規『認知症の医療とケア「もの忘れクリニック」「もの忘れカフェ」の挑戦』クリエイツかもがわ、2008年10月
- エヴァ・フェダー・キテイ『愛の労働あるいは依存とケアの正義論』岡野八代・牟田和恵監訳、白澤社、2010年9月
- 宮崎和加子『認知症の人の歴史を学びませんか』田邊順一写真・文、中央法規出版、2011年1月
- エヴァ・フェダー・キテイ『ケアの倫理からはじめる正義論 支えあう平等』岡野八代・牟田和恵編著・訳、白澤社、2011年8月
- アサダワタル『住み開き 家から始めるコミュニティ』筑摩書房、2012年1月
- 呉秀三・樫田五郎『【現代語訳】精神病者私宅監置の実況』金川英雄訳・解説、医学書院、2012年9月
- 「京都式認知症ケアを考えるつどい」実行委員会編著『認知症を生きる人たちから見た地域包括ケア 京都式認知症ケアを考えるつどいと2012京都文書』クリエイツかもがわ、2012年10月
- 公益社団法人認知症の人と家族の会『認知症カフェのあり方と運営に関する調査研究事業 報告書』2013年3月
- レイ・オルデンバーグ『サードプレイス コミュニティの核になる「とびきり居心地よい場所」』忠平美幸訳、マイク・モラスキー解説、みすず書房、2013年10月
- 山之内遼『47都道府県の純喫茶 愛すべき110軒の記録と記憶』実業之日本社、2013年11月
- マイク・モラスキー『日本の居酒屋文化 赤提灯の魅力を探る』光文社新書、2014年3月
- 堀田聰子『労働政策研究報告書No.167 オランダの地域包括ケア―ケア提供体制の充実と担い手確保に向けて―』独立行政法人労働政策研究・研修機構、2014年5月
- 小倉美恵子『オオカミの護符』新潮文庫、2014年12月
- 高井尚之『カフェと日本人』講談社、2014年12月
- 武地一編著・監訳『認知症カフェハンドブック』京都認知症カフェ連絡会、NPO法人オレンジコモンズ協力、クリエイツかもがわ、2015年2月
- 朝日新聞社CSR推進部『認知症カフェを語る ともに生き、支えあう地域をめざして』メディア・ケアプラス、2015年11月
- 浅岡雅子『魅力あふれる認知症カフェの始め方・続け方』翔泳社、2015年10月
- 矢吹知之『認知症カフェ読本 知りたいことがわかるQ&Aと実践事例』中央法規出版、2016年4月
- 綾屋紗月・熊谷晋一郎『つながりの作法 同じでもなく、違うでもなく』NHK出版生活人新書、2016年7月
- 金治宏（愛知淑徳大学）・名古屋市認知症相談支援センター『「なごや認知症カフェ」の在り方に関する調査研究報告書』2017年3月
- トム・キットウッド『認知症のパーソンセンタードケア 新しいケアの文化へ』高橋誠一訳、クリエイツかもがわ、2017年4月
- 武地一『ようこそ、認知症カフェへ 未来をつくる地域包括ケアのかたち』ミネルヴァ書房、2017年5月
- 小笠原浩一・宮島俊彦監修『認知症の早期発見・初期集中支援に向けたラーニング・プログラム』特定非営利活動法人日本介護経営学会編集協力、中央法規出版、2017年9月
- 山竹伸二『こころの病に挑んだ知の巨人―森田正馬・土居健郎・河合隼雄・木村敏・中井久夫』ちくま新書、2018年1月
- 矢吹知之／ベレ・ミーセン編著『地域を変える 認知症カフェ企画・運営マニュアル おさえておきたい原則と継続のポイント』中央法規出版、2018年9月
- 米田佐知子『「居場所」としてのコミュニティカフェの現状と展開・可能性』社会福祉研究第133号、2018年10月
- 東畑開人『居るのはつらいよ ケアとセラピーについての覚書』医学書院、2019年2月
- 木下衆『家族はなぜ介護してしまうのか 認知症の社会学』世界思想社、2019年3月

PROFILE　**コスガ聡一（Soichi Kosuga）**

1977年北海道生まれ。明治大学卒業。フォトグラファー。2012年、医療系広報物の撮影で認知症分野と出会う。2016年、個人の活動として認知症カフェの取材を開始。同年5月、ブログ「全国認知症カフェガイドon the WEB」（http://ninchishocafe.jugem.jp/）を立ち上げる。2018年よりウェブメディア『なかまぁる』（朝日新聞社）で動画コーナー「コッシーのカフェ散歩」を連載中。独自の情報をもつジャーナリストとして、在野の立場ながらさまざまな調査・研究への協力、および寄稿・講演活動を行っている。

写　　真：本文　コスガ聡一
　　　　　対談　江下太士
イラスト：エヌ村ナマコ

全国認知症カフェガイドブック
認知症のイメージを変えるソーシャル・イノベーション

2020年7月15日　初版発行

著　者●ⓒコスガ聡一
発行者●田島英二　info@creates-k.co.jp
発行所●株式会社 クリエイツかもがわ
〒601-8382 京都市南区吉祥院石原上川原町21
電話 075(661)5741　FAX 075(693)6605
http://www.creates-k.co.jp
郵便振替　00990-7-150584
デザイン●菅田　亮
印 刷 所●モリモト印刷株式会社
ISBN978-4-86342-288-9 C0036　printed in japan

認知症を乗り越えて生きる　“断絶処方”と闘い、日常生活を取り戻そう

ケイト・スワファー／著　寺田真理子／訳

49歳で若年認知症と診断された私が、認知症のすべてを書いた本！
医療者や社会からの“断絶処方”でなく、診療後すぐのリハビリと積極的な障害支援で今まで通りの日常生活を送れるように！　不治の病とあきらめることなく闘い続け、前向きに生きることが、認知症の進行を遅らせ、知的能力、機能を維持できる！

2200円

私の記憶が確かなうちに　「私は誰？」「私は私」から続く旅

クリスティーン・ブライデン／著　水野裕／監訳　中川経子／訳

46歳で若年認知症と診断された私が、どう人生を、生き抜いてきたか。22年たった今も発信し続けられる秘密が明らかに！　世界のトップランナーとして、認知症医療やケアを変革してきたクリスティーン。認知症に闘いを挑むこと、認知症とともに元気で、明るく、幸せに生き抜くことを語り続ける…。

2000円

認知症の本人が語るということ　扉を開く人　クリスティーン・ブライデン

永田久美子／監修　NPO法人認知症当事者の会／編著

クリスティーンと認知症当事者を豊かに深く学べるガイドブック。認知症の常識を変え、多くの人に感銘を与えたクリスティーン。続く当事者発信と医療・ケアのチャレンジが始まった……。そして、彼女自身が語る今、そして未来へのメッセージ！

2000円

私は私になっていく　認知症とダンスを〈改訂新版〉

クリスティーン・ブライデン／著　馬籠久美子・桧垣陽子／訳

ロングセラー『私は誰になっていくの？』を書いてから、クリスティーンは自分がなくなることへの恐怖と取り組み、自己を発見しようとする旅をしてきた。認知や感情がはがされていっても、彼女は本当の自分になっていく。

2000円

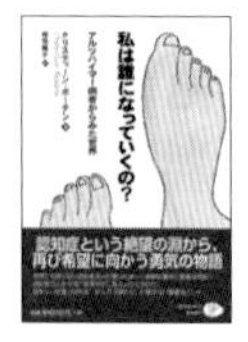

私は誰になっていくの？　アルツハイマー病者から見た世界

クリスティーン・ボーデン／著　桧垣陽子／訳

認知症という絶望の淵から再び希望に向かって歩み出す感動の物語！
世界でも数少ない認知症の人が書いた感情的、身体的、精神的な旅―認知症の人から見た世界が具体的かつ鮮明にわかる。

2000円

必携！認知症の人にやさしいマンションガイド

多職種連携からみる高齢者の理解とコミュニケーション

一般社団法人日本意思決定支援推進機構／監修

「困りごと」事例から支援や対応のポイントがわかる。居住者の半数は60歳を超え、トラブルも増加しているマンション。認知症の人にもやさしいマンション環境をどう築いていくか。認知症問題の専門家とマンション管理の専門家から管理組合や住民のみなさんに知恵と情報を提供。

1600円

実践！認知症の人にやさしい金融ガイド

2刷

多職種連携から高齢者への対応を学ぶ

一般社団法人日本意思決定支援推進機構／監修　成本迅・COLTEMプロジェクト／編著

認知症高齢者の顧客対応を行う金融機関必携！　多くの金融機関が加盟する「21世紀金融行動原則」から、金融窓口での高齢者対応の困りごと事例の提供を受け、日々高齢者と向き合っている、医療、福祉・介護、法律の専門職が協働で検討を重ねたガイド書。

1600円

http://www.creates-k.co.jp/